딸아, 나 괜찮은 엄마지?

인지
붙이는
곳

딸아, 나 괜찮은 엄마지?

인쇄 | 2006년 1월 10일
발행 | 2006년 1월 15일

지은이 | 김수자
펴낸이 | 김진수

발행처 | 한국문화사
주소 | 서울특별시 성동구 성수1가2동 656-1683번지 두앤캔B/D 502호
전화 | 02-464-7708, 3409-4488
전송 | 02-499-0846
등록 | 1991년 11월 9일 제 2-1276호
이메일 | hkm77@korea.com
홈페이지 | http://www.hankookmunhwasa.co.kr

가격 8,000원
잘못 만들어진 책은 바꾸어 드립니다

ISBN 89-5726-348-9 03810

딸아, 나 괜찮은 엄마지?

김수자 수필집

한국문화사

제 3의 인생, 그 출발선에서

감나무에 발갛게 익은 단감이 주렁주렁 매달렸다. 30여 년 나와 함께 이 마당에서 나이를 먹은 나무다. 분명 어린나무에서 출발했을 그의 어린시절의 흔적은 어디에도 없다. 그는 어느새 시원하고 넉넉한 그늘과 풍성한 열매를 거느린 큰 나무가 되어버렸다.

그가 아직 어린나무였을 때 나의 소원은 '한달에 책 한 권 읽는 것' 이었다. 아궁이에 불을 지펴놓고 책장을 넘기다가 머리카락 그슬리는 일이 잦았다. 그러다가 문득 나도 글을 쓸 수 있을까? 궁금증이 생겼고, '수필작법' 을 사다가 무작정 읽고 또 읽었던 기억이 난다.

젊은 날의 기록인 논픽션 '우리들의 고향(신동아 26회 최우수 당선작)' 을 꺼내보니 겸연쩍고 부끄럽다. 글이든 삶이든 부끄러워서야 되겠는가! 프랑스에서는 55세부터를 '제3의 인생' 이라 부른다고 한다. 자식으로서의 인생(제1의 인생), 부모로서의 인생(제2의 인생)이 지나고 오로지 자신의 인생을 산다는 의미일 터.

나답게 잘 익은 단감처럼 한번 살아봐야지. 사근사근 단맛 나는 글도 쓰고 싶다.

2005년 10월

김 수 자

차례

책을 펴내며 5

1부 눈꽃을 보았느냐

네 둥지를 찾았느냐 11
그대 눈동자에 뜨는 달 16
선생님을 찾았어요 20
천국보다 아름다운 27
돼지는 왜 꼬리를 잘라 먹는가 32

2부 흐르는 노을도 아름답다

알아야 면장을 하지 39
파리를 위한 명상 45
암보다도 무섭고 호랑이보다 무서운 51
오리 이야기 57
학교 가는 길 62

3부 들풀들의 몸짓

꽃밭에서 71
박새의 죽음 75
방촌 할아버지와 이웃집 아저씨 79
돼지꿈 88
여름 아침 93
마음을 심다 97

4부 정원이 있는 그림

봄날의 하루 105
한 방에 떼돈 버는 법 110
깨를 볶다가 113
안단테 칸타빌레 121
노인학 126
공포의 '라스포사' 131

제26회 신동아 논픽션 최우수 작품

우리들의 고향 138

당선소감 183

1부 눈꽃을 보았느냐

네 둥지를 찾았느냐

그대 눈동자에 뜨는 달

선생님을 찾았어요

천국보다 아름다운

돼지는 왜 꼬리를 잘라 먹는가

네 둥지를 찾았느냐?

-딸에게 보내는 편지(고대신문 1387호)

대학생이 된 딸에게 처음으로 쓰는 편지라서 많이 긴장되고 한편으로는 가슴이 설레기도 한단다. 명문대학생의 어미로서 뭔지 고상한 문구를 써야한다는 부담 같은 것이 생기기도 하고 말이야. 네가 고등학생이었을 때는 자주 기숙사를 찾아가기도 하고 못 가면 우편으로나 인편에 꼭 편지를 보내기도 했는데…….

대학기숙사는 어떻게 생겼는지 궁금하구나. 넌 어릴 때부터 유난히 '기숙사생활' 을 선망했던 것 같다. 소설 '빨강머리 앤' 을 몇 번씩이나 읽고는 드디어 기숙사가 있는 고등학교를 찾아 훌쩍 날아가 버렸잖아. 혹시 인생의 목표가 '기숙사생활' 에 있는 거나 아닌지 의심이 들 정도였단다.

기억나? '집을 떠나서는 안 되는 3가지 이유' 를 말해달라던 여중 3학년 때의 네 모습. 비할 데 없이 간절하면서도 숙연하기까지 했던 네 눈빛을 잊을 수 없구나. 아빠는 네가 고등학교까지는 집에서 다니기를 바라며 온갖 회유를 했지만, 대체 이 세상에 절대적으로 해서는

안 될 일이란 뭐가 있다는 건지? 도둑질이나 남을 해롭게 하는 일을 빼놓고는 말이다.

엄마 역시 그 나이에 무척이나 집을 떠나고 싶어 몸살 앓았던 경험이 있거든. 용기도 실력도 없었던 엄마에 비하면 넌 일찌감치 화려하고 당당하게 독립을 쟁취한 셈이다. 내심 이게 모전여전(母專女專)이로구나 하고 대리만족을 느끼기도 했단다. 청춘의 가장 빛나는 한 때를 맘껏 구가하는 딸에게 응원과 박수를 보낼 뿐 그저 바라보는 것만으로도 젊음의 열정이 전이되어 엄마는 행복하기만 했다네.

어미 새는 새끼 새를 떠나보낼 시기를 본능적으로 안다고 하더구나. 어미가 떠나보내기 전에 넌 자신의 둥지를 스스로 찾아가버렸다. 학교는 서울에 있어야하고, 올바른 대학문화를 만끽할 수 있는 곳,

남녀공학이어야 한다던 네 취향에 맞춤한 곳으로 말이야. 어디 새의 가벼움에 비하겠느냐, 동물 가운데 왕이라는 호랑이 굴이 아니더냐. 지혜로움과 용맹스런 기개를 본받아 후회 없는 일전을 펼치도록. 상대는 물론 '너의 삶' 이다.

삶은 결코 만만한 것이 아니란다. 양돈업을 천직으로 살아가는 부모가 있다는 것 잊지 말아라. 네 등록금도 용돈도 모두 돼지한테서 나오는데 요즘 사상최악의 돼지파동으로 양돈농가가 존폐의 갈림길에 놓여있단다. 애지중지 자식처럼 키운 돼지를 고속도로에 내다버리는가 하면, 돼지고기 한 근이 껌 한 통 값이라니 상상이 가니?

지금 우리가 부딪치고 있는 삶은 관념세계의 철학도 아니고 고상한 담론이나 탁상공론은 더더욱 아니란다. 그렇다고 늘 절망에 절어 사는 건 아니야. 봄에 사온 병아리가 어미 닭이 되어 하루에 꼭꼭 다섯 개의 알을 낳아주니까 엄마는 알부자다. 너른 마당에서 벌레와 풀을 먹고 자란 닭이라 선물용으로 인기란다. 글쎄, 계란을 다섯 개만 주어도 사람들은 좋아 어쩔 줄 모른단다. 이 녀석들이 방 앞에까지 몰려와서 목청껏 소리 지르는 바람에 엄마는 언제나 아침 일찍 일어나야 한단다.

오후엔 황토 오두막에 군불을 지펴놓고 굴뚝에서 연기가 오르는 광경을 한참동안 구경하기도 하지. 이때쯤이면 주홍빛 노을이 하늘을 물들인다. 저녁노을을 배경으로 피어오르는 굴뚝연기는 언제 보아도 가슴 뭉클하구나.

연기는 그냥 의미 없이 사라지는 연기가 아니란다. 연기는 엄마의 체온이며 그리움의 표현이기도 하지. 늦은 오후 네가 집으로 돌아올 때, 우리 집 굴뚝의 연기를 발견한다면 분명히 그곳엔 엄마가 있다는 증거잖아. 아궁이엔 잘 익은 감자와 고구마가 널 기다리고 있을 테고.

밤엔 따끈따끈한 방바닥에 엎드려 '털 없는 원숭이'를 읽거나 여행계획을 세우기도 한단다. '털 없는 원숭이'는 너희 학교 '신입생 필독서' 목록에 나와 있더구나. 인간을 만물의 영장이 아닌 동물 즉 원숭이(제목이 말해주듯)의 일종으로 본 시각이 흥미롭다.

인간을 동물의 입장에서 다른 동물과 비교하면 개미나 하이에나보다 하등 나을 게 없다는 거야. 후각이나 청각, 달리기는 개보다 훨씬 못 하고, 잡초나 다른 식물보다 적응력이 뒤지는 것도 사실이지. 고귀한 이상과 실천력을 빼면 탐욕과 소비향락에 몰두하는 해충과 다를 게 뭐냐고.

'꿈꾸는 자가 창조한다.' 했으니 운이 좋으면 너와 내가 함께 여행을 떠날 수 있을지도 몰라. 넌 가고 싶은 여행지를 물색하고, 그곳의 언어를 습득하고, 엄마는 적금을 착실하게 부어 여비를 비축하는 거야. 머지않아 그 꿈이 이루어지리란 걸 엄마는 확신해.

입동추위가 닥친다니까 옷 따뜻하게 입고 식사 꼬박꼬박 챙겨먹기 바란다. 한양천리, 거리가 멀다는 핑계로 대학교문 앞엔 얼씬도 못 해보고 그저 잘 있으려니 짐작만 한다네. 부디 졸업하기 전까지 명문사학이라는 너의 학교구경 좀 시켜다오. 그것이 어미의 소원이자 보람이라는 것을 넌 모르고 있는 것 같다.

공부는 쉬엄쉬엄 놀아가면서 하고, 가슴 얼얼한 사랑도 꼭 경험하시도록!

엄마가.

그대 눈동자에 뜨는 달

전라도 사람이 된지 스무 해가 넘었어도 나는 아직껏 전라도 말에 능통하지 못하다. 듣는 것 말하는 것이 지독하게 서툴다. 시어머니께서 방금 하신 말씀을 알아들을 수가 없다. 발음도 말의 뜻도 도무지 절벽이다.

입이 서울이라고 이럴 때는 열 번이고 스무 번이고 묻는 게 상책이다. 특히나 어른들 말씀은 귀담아 들을 필요가 있다. 말에도 맛이 있다는 것을 요즘에야 알아차린 것이다. 그래서 처음 말을 배우는 아이처럼 묻고 또 묻는다.

"뭐라고 하셨어요?"를 서너 번이나 되풀이하고서야 시어머니 말씀의 요지를 알아들을 수 있었다.

"이 사람아, 남의 말이 아니고 자네 말이네. 옛말에 '시어미 술값은 홑 닷 냥 며느리 술값은 열 닷 냥'이라 더니, 웬 술을 그리 드셨는겨?"

찬찬히 새겨듣고 보니 술 마신 며느리를 공박하는 내용이다. 위안이 되는 것은, 시어머니 앞에서 술 마시는 며느리가 옛날에도 있었다는 사실이다. '술값 어지간히 갖다 버려라' 는 비아냥거림이 이토록 아름답게 포장되어 있는 말이 또 있을까? 마신 술맛보다 말의 맛에 취하는 순간이다.

간혹 시어머니한테서 술을 배웠다는 사람도 보았고 고부간에 정답게 권하거니 자시거니 한다는 얘기도 들은 바 있다. 나는 실없게도 그런 사람들이 부럽다. 그 정도로 발전한 사이라면 고부갈등쯤 문제도 되지 않을 것이다. 갈등의 뒤풀이는 으레 한 잔 술이 해결해 줄 터이므로. 한데 불행히(?)도 시어머니는 콜라냄새에도 취하는 양반이시다. 그러나 마당구석의 빈 술병 무더기를 마을회관에 들고 가서 빨랫비누로 바꿔오는 분도 시어머니다.

술의 해악과 이로움을 지적하는 속담이 여럿 있다.

'사위를 얻을 땐 술을 먹여보라.'

'낮술에 취하면 장모도 못 알아본다.'

'악마가 마을에 내려갈 시간이 없을 때 대신 술을 보냈다.'

술은 악마의 심부름꾼이다. 인간의 악마성을 숨김없이 드러내는 액체가 술이다. 반면 도에 이르는 길을 술에 비유한 신비주의자도 있다. 도의 황홀경이 어느 정도인지 짐작하게 한다. 술에도 주도가 있고 바둑처럼 급수가 있다고 한다. 나는 술을 좋아하지만 이렇다할 주도나 내세울만한 급수는 없다. 그냥 마시고 싶을 때 형편껏 마시는 것이 고작이다.

굳이 뿌리를 찾자면 잠깐 친정오라버니께 사사했다고나 할까. 여

학교를 졸업했을 때 나는 두 가지 선물을 받았다. 굽 높은 구두와 술 한 잔이 그것이다. 이젠 숙녀가 되었으니 조신해야겠지? 라는 말 대신 오라버니는 막걸리 한 사발을 내밀었다.

요즘으로 치자면 '성인식' 쯤이 되지 않을까. 그 시절 우리 집 형편으로는 과하다 싶은 메이커구두에 난생처음 받은 술잔, 둘 다 파격적인 것이었다. 나의 숙녀로서의 출발점은 그러니까 운동화가 구두로, 음료수에서 주류로 바뀌는 지점이었다.

태어나서 처음으로 마신 술맛을 나는 지금도 기억한다. 설렘과 어색함과 책임감과 낭만 그리고 해방감이 칵테일 된 첫잔, 첫잔의 술맛은 중년인 지금에도 변함없다. 나는 술이 아니라 술이 가진 분위기를 마시는지도 모른다.

술을 가장 멋지게 마셨던 여인으로는 '황진이' 가 으뜸이다. 황진이의 술 마시는 모습을 나는 영화에서 보았다. 어느 폭포수 아래에서 소리공부를 하던 명월(황진이)이 한잔 술로 휴식을 취하려는 찰라, 시냇물 저편에 한 나그네가 등장한다. 진이는 자신의 비단신발에 술을 따라 냇물에 띄운다. 비단신 술잔은 뒤집힐 듯 말 듯 용케도 시냇물을 거슬러 건너편 나그네 앞에 당도한다. 술이 있는 곳에 권주가가 없을 수 없다.

"청산리 벽계수야 수이 감을 자랑 마라…… 명월이 만공산 하니 쉬어간들 어떠리……."

저 능청스럽고 여유 만만한 큐피드의 화살을 피해 갈 장사 누구인가? 신발로 술잔을 삼는 것은 최고의 사랑과 우정의 표시라고 한다.

도사는 도사끼리 통한다더니 두 한량은 첫 대면에서 이미 서로의 그릇됨을 알아차린 것이다. 수천 마디의 말보다 수십 장의 연서보다 한 잔의 술이 친화력을 가지는 까닭이다.

술은 자연과 더불어 마셔야 제 맛이다. 술맛을 부추기는 경치로는 강릉 경포대가 제일인 듯하다. 경포바다에는 달이 일곱 개나 뜬다고 하니 그 하나가 하늘에 뜬 달이요, 경포바다 속에 하나, 임과 나의 술잔에 하나씩에다, 임의 마음속에 하나, 임의 눈동자에 뜬 달을 합하니 일곱 개다. 임의 마음속에 감추어진 달을 볼 수 있는 것은 술의 요술이다.

사철 꽃이 피는 마당과 달빛 쉬어가는 누옥(陋屋)이 있어 나는 술을 자주 마신다. 핑계는 무궁무진하다. 바람 불어 한 잔, 비가 와서 한 잔, 꽃이 핀다고 한 잔, 새가 우니 한 잔……. 이래서 삼백예순날이 주일이다. 그러나 뭐니 뭐니 해도 술이라면 힘껏 일한 뒤에 마시는 술맛이 최고다. 적당한 노동 뒤에 오는 피로감과 일상에 찌든 때를 씻어내는 것은 술이다.

혼자라서 행여 서운할 일이 없고, 혹시 임의 눈동자에 뜬 달이라도 볼 수 있다면 거기가 바로 천국 아니겠는가. 천국 가는 길은 참 쉽고도 가깝구나.

주량이라고는 고작 맥주 세 병인데도!

선생님을 찾았어요

아마도 15년 전쯤일 것이다. 어느 잡지사로부터 '가정의 달' 에 관한 원고청탁을 받았다. 나는 그때 가족이야기가 아닌 '스승의 날' 에 대해서 썼다. 그즈음 스승의 날이 가까워오면 나와 비슷한 연배의 주부들이 옛날 스승을 찾아뵙는 장면이 텔레비전에 종종 나왔는데, 나는 그들이 무척 부러웠다. 나도 저들처럼 텔레비전에 나온다면 선생님을 찾을 수 있을 텐데……. 그러나 천지개벽이 일어난다면 모를까, 이 첩첩산골에서 '돼지 키우는 아낙' 이 저런 삐까번쩍한 텔레비전에 나오는 일은 없을 것이다.

그래서 이번 청탁을 선생님을 찾는 기회로 활용해보자는 의도에서 나는 제목조차도 '선생님을 찾습니다.' 로 붙였다. 꽤 알려진 기업체의 사보였으니 많은 직원들과 그 가족들이 읽는다면 그 가운데 누구 한사람쯤 선생님의 소식을 알려올 지도 모르지…….

치밀한 계산 아래 젖 먹던 힘까지 동원하여 단어 하나하나에 정성을 기울였다. 여고시절 국어 선생님(김정환)을 기억나는 대로 그려

나갔다. 선생님의 별명이며 수업시간의 특징적인 몸동작, 그 시절 여고에서는 파격적인 '양주동' 선생님(자칭 국보라고 소리치던)의 초청강연을 주선했던 일 등 기억나는 내용들을 다 적었다.

내가 선생님을 찾으려한 것은 그때가 처음은 아니었다. 여고친구로부터 선생님께서 부산대학에 재직하신다는 이야기를 듣고 그 학교로 장문의 편지를 보내기도 했다. 선생님께서 나를 기억 못 하실지도 모른다는 생각에 이번에는 나의 특징을 있는 대로 적어 넣었다.

특별활동 시간에 문예반을 했고, 선생님이 추천해주신 개천예술제에 나가서 꼴찌상도 못 받아 선생님을 실망시켜 드린 일, 엄동설한에 시린 손을 비비며 교지 만들던 일……. 많은 사연들을 적었다. 수천 명의 제자 중에서 이런 평범한 내용만으로 선생님께서 나를 기억해낼 수 있을지 걱정되었다. 나를 부각시킬 수 있는 나만의 개성을 찾아 며칠씩 밤잠을 설치며 편지를 고쳐 썼다.

과연 선생님께서 대학에 계시기나 할까? 도대체 선생님을 찾아서는 어쩌겠다는 거지? 이런 생각이 들 때면 막막한 절망감에 빠지기도 했다. 그럴 때마다 "얘, 넌 괜찮은 시인이 될 거야" 라시던 선생님의 한 마디가 절망에 빠진 나를 일으켜 세워 다시 편지를 쓰게 했다.

'넌 괜찮은 시인이 될 거야.' 이 말씀은 여고에 입학하고 첫 교내 백일장에서 내가 쓴 '거울' 이라는 시가 장원으로 뽑히자 심사를 맡았던 선생님께서 해주신 말씀이다.

'저더러 시인이 될 거라고 하셨지요? 선생님께서 잘못 보신 게 틀림없어요. 제 어디에 시인의 자질이 숨어있다는 겁니까?'

그 무렵 나는 시인은커녕 유방암수술을 받고 일상에서 격리된 채 항암치료를 받고 있던 중이었다. 일에 대한 요령도 웬만큼 터득했고, 가정경제도 약간 안정을 찾았으니 이제 좀 쉬어도 되겠지, 하던 참이었다. 결혼 10년에 남은 것이라곤 병든 육신과 삶에 지친 영혼이 전부였다.

넌 시인이 될 거야……. 나는 선생님을 찾아서 그 말씀의 진위(眞僞)를 확인하고 싶었다. 무심코 하셨을 것이 틀림없는 그 말씀(나중에 확인 결과 선생님은 기억하지 못하셨음)은 절망과 안일에 빠진 나를 일으켜 세우는 회초리가 되었고, 때로는 비수가 되어 내 가슴을 저몄다. 낯선 사람들 속에서 물결처럼 떠밀리며 허우적허우적 길을 가다가도, 네거리에서 신호등이 바뀌기를 기다리는 순간에도, 꿈속에서도 얘, 넌 시인이 될 거야, 넌 시인이 될 거야 …….라는 선생님의 음성이 귓속을 파고들었다.

어떻게 하면 시인이 될 수 있을까? 선생님께서는 그 길을 알고 계실지도 몰라……. 지금 시작해도 늦지 않을까? 나는 시인이 되기 위해 어떤 노력도 하지 않은 자신이 원망스럽고 후회되었다. 이리하여 선생님을 찾는 일은 나에게는 밥을 먹는 일보다, 병을 치료하는 일보다 더 간절하고 절박한 과제가 되었다.

굳이 시인까지는 바라지 않더라도 선생님을 만나서 꼭 하고 싶은 일이 몇 가지 있었다. 술이며 맛있는 음식도 사드리고, 전화도 자주 드리고, 경치 좋은 곳에 구경도 가고……. 이젠 그럴만한 여유도 생겼는데 선생님은 대체 어디 계신 걸까?

선생님이 계시다는 부산대학으로 편지를 보낸 지 1주일 만에 답장이 왔다.

'…… 이름이 비슷해서 내가 편지를 뜯었소만, 사연이 너무 간절하여 답장을 하지 않을 수 없었소. 그러나 아무리 생각해도 부인 같은 제자는 기억나지 않아요. 부인께서 찾는 그 분을 꼭 찾기 바랍니다…….'

내 추측이 맞았다. 선생님과 이름이 비슷한 소설가 김정한 교수님이셨다. 선생님을 찾지는 못했지만 잘못 배달된 편지에 정성어린 답장을 보내주신 인품에 크게 감동 받았던 기억이 난다.

세월은 차일피일 흐르고 나는 선생님을 찾는 일에 지쳐 선생님의 존재를 서서히 잊어가고 있었다. 대신 혼자서 '한 달에 책 한 권 읽기'를 정해놓고 '샘터'며 '여성월간지' 등을 사다 읽었다. 바쁜 농촌에서 아궁이에 불 지피는 틈틈이 읽자니 어려운 소설이나 두꺼운 책은 엄두도 낼 수 없었다. 책을 읽다가 문득 "이런 글이라면 나도 쓸 수 있겠는데?" 하는 생각이 들었고 내 솜씨를 평가 받기 위해 여기저기 응모해보았다. 이렇게 시작한 글쓰기는 어언 4권의 수필집을 내기에 이르렀고 훗날 선생님을 찾는 결정적인 단서가 되어주었다.

선생님을 찾는 일을 까맣게 잊고 지내던 어느 날 나는 한 통의 전화를 받았다. 전화기 속에서는 '내다. 내다. 내다.'라는 흥분된 목소리가 끝없이 흘러나왔다. 사십대 중반을 넘어선 여인에게 전화를 걸어 대뜸 '내다'를 외칠 수 있는 사람이 세상에 그리 흔할까? 잘못 걸렸거나 아니면 아주 친근한 사이일 수도 있겠지만 전화기 속의 내가 누구인지 나는 전혀 감이 잡히지 않았다.

다시 전화기 속에서는 "내다, 수자야"가 나왔고 이름을 아는 것으로 보아 잘못 걸린 전화는 아닌 것 같았다. 첫 전화에 반말을 하는 것이 마땅찮아 나도 "내가 누군데?"라며 반말 비슷하게 대꾸해주었다. 혹시 초등학교 동창남학생이라도 되는 줄 알았다. '내라니까'를 여러 번 외치던 전화기 속에서 드디어 결정적인 한 마디,

"선생님이다. 김정환 선생님. 야, 이놈아 그렇게도 기억이 안나나? 넌 어떻게 된 애가 선생님을 찾지도 않고 선생님이 너를 찾게 만드나 그래? 쯧쯧 무심하기는 옛날이나 지금이나……."

선생님? 선생님! 선생님이라고요? 이게 꿈이냐 생시냐 싶어 나는 전화기를 귀에 대고 팔짝팔짝 뛰면서 방을 스무 바퀴도 넘게 돌았다.

선생님이 나를 찾게 된 단초는 이랬다. 선생님이 정기구독하시는 문학잡지에 '전라도 김치'라는 내 글이 실렸는데 그 글을 보신 선생님께서 순천시 공보과와 순천문협에 문의해 연락이 닿을 수 있었다. 수필 '전라도 김치'는 부산처녀가 전라도 순천으로 시집가서 온갖 실수를 연발하며 밤새워 김치 담는 내용이다.

수필 한 편에서 옛 제자의 감수성을 족집게처럼 집어낸 선생님의 국어 실력(과연 선생님다운!)도 대단하셨지만 그때처럼 내 글에 긍지와 보람을 느꼈던 적도 없었다. 혹시나 내(김수자)가 작가가 되어 있을 지도 모른다는 예감에 문학잡지와 신문을 눈여겨보셨다고 하니 선생님의 추측이 크게 빗나간 것은 아닌 셈이다.

돌이켜보건대 선생님과의 해후는 서로의 만나고자하는 열망이 이

루어낸 필연적인 결과가 아니었을까? 첫 만남의 자리에서 나는 선생님의 시력도 테스트해보고 싶었다. 사람이라고는 몇 없는 찻집에서 선생님은 옛 제자를 알아보지 못하고 지나치셨다. 나는 찻집에 들어서시는 선생님을 첫눈에 알아봤는데!

대신 선생님은 시력보다는 기억력이 빼어났다. 내 수필집에 실린 '선생님을 찾습니다.' 를 읽어보시고는 얘, 이건 이게 아니야, 이것도 아니야. 기억력이 왜 그 모양이냐?…… 는 등 몇 가지 오류(誤謬)를 지적하셨다. 또 선생님의 별명과 '…못 생겼다…' 고 표현한 부분도 지적의 대상이었다. 내가 정말 그래 못 생겼나? 며 서운해 하셨다.

나보다 나를 더 잘 기억하고 계시는 선생님께서 나의 두 번째 수필집(행복은 정말 별것도 아니다) 출판기념회에 서울에서 순천까지 먼 길을 마다않고 오셨다. 동국대학사대 부속고교에 재직 중일 때라 오전근무를 마치고 식이 다 끝나가려던 즈음, 고속버스에서 내려 택시로 달려오셨다.

'잠깐 마이크 좀 쓰게 해 달라' 며 사회자의 마이크를 넘겨받으시고는 가쁜 숨을 진정시킬 사이도 없이 연설이 이어졌다.

"……오늘의 주인공 김수자가 바로 제 제잡니다…. 제가 수필 '선생님을 찾습니다.' 의 그 선생님입니다……."

사회자의 의례적인 소개가 아닌 수필 속의 주인공으로부터 직접 듣는 자기소개는 축하객들에게 신선한 감동을 선사했고 장내를 숙연하게 만들었다. 짧은 연설이 끝나자 우레와 같은 박수가 이어졌다. 예정에 없던 선생님의 축사는 출판기념회의 하이라이트가 되어

버렸다.

정년퇴임 후, 선생님께서는 충북 제천의 백운면 박달재 아래에 거처를 마련하셨다. 전국에서도 손꼽히는 청정지역이라고 한다. 뒷산엔 오디가 풍성하게 열리고 옥수수와 감자 등 이십여 가지의 오곡백과를 손수 가꾸며 흰 구름이 쉬어가듯 유유자적 노후를 보내고 계신다. 연전에 유택까지 손수 마련하신 것을 보면 그 곳이 무척 마음에 드시나 보다. 틈틈이 시설에 나가 배움의 때를 놓친 사람들에게 글짓기와 한글을 가르치시니 전공을 살린 노후의 소일거리로 안성맞춤이다.

소원했던 대로 선생님과는 일 년에 한두 차례 순천과 제천을 오가며 맛있는 것도 사드리고 명승지 구경도 품앗이한다. 순천에서는 선암사, 순천만, 소록도가 대표적이며, 이효석 생가, 김삿갓, 단종애사의 청령포, 평창 5일장 등등. 경기 강원 충북 일대의 명승지를 손수 운전해서 안내해주신다. 선생님께서 운전하시는 차를 탈 때마다 나는 생각한다. 세상에 누가 이만큼(혈육이라 할지라도!) 친절하고 편안하게 맞아줄 사람이 있을까하고.

나는 선생님이 예언하셨던 '시인' 은 되지 못 했다. 그러나 "얘, 너 수필 말이야. 우리나라에서 몇 손가락 안에 들 거야. 수필은 그렇게 써야 하는 거야." 이런 칭찬은 듬뿍 듣는다.

물론 듣기 좋아라고 하시는 말씀인 줄 알면서도 나는 기분이 우쭐해진다. 그래서 오늘도 선생님의 칭찬을 기대하며 열심히 글을 쓰고 있다. 한번 선생님은 영원한 선생님이고 한번 제자는 영원한 제자인가보다.

천국보다 아름다운
–유서

날씨가 화창하다. 나들이에서 돌아오는 길, 마을의 초입인 굴다리를 빠져나오면 양쪽으로 초록의 터널이 펼쳐진다. 탱자나무 숲이다. 봄에는 탱자 꽃이 흰눈을 뒤집어쓴 듯 하얗게 피어있었는데 꽃이 지고 난 자리에는 초록 숲이 펼쳐진다.

이 길에 들어설 때마다 나는 까닭 모를 기쁨이 솟구친다. 초록은 절대 지(知) –절대 미(美)의 세계라 했던가? –의 세계라고 했던 어느 작가의 말이 생각난다. 설명되거나 이해되는 게 아니라 절로 알게 되고 절로 아름다움이 된다는 초록색. 초록은 사람을 그렇게 만드는 비결을 지녔나보다.

오늘 그 길을 지나오면서 내 마음속에는 '죽음'이란 단어가 떠올랐다. 이제 나도 죽음을 준비해야할 시기라는, 문득 그런 앎이 나를 찾아왔던 것이다. 집에 가는 길로 '유언장'을 써야겠다는 생각이 들었다.

그러기엔 오늘 같은 날이 제격이다. 맑고 눈부신 날씨, 상쾌한 정

신, 억지스러움이나 슬픔에 휘둘리지 않는 최상의 컨디션. 연령으로 봐서도 지금이 가장 안정된 시기라고 할 수 있다. 정신적 육체적으로 나는 과거의 어느 때보다 건강하고 미래의 어느 날보다 건강할 것으로 확신한다.

언제 치매나 불치의 병을 앓게 될지 또는 뜻하지 않은 사고로 생을 마감할지 그건 아무도 모르는 일이다. 스스로의 인생에 아무런 권리를 행사할 수 없는 처지가 되기 전에 나는 이 글을 써두고 싶다.

나의 이승에서의 삶을 회고해본다. 어느 법구경에선가 봤던 구절에 의하면,

태어나서 20세까지는 부모의 공덕으로 살고,

20세에서 40세까지는 전생의 공덕으로 살고,

40세에서 60세까지는 이승의 공덕으로 산다고 했다.

이 기준으로 본다면 나의 20대는 물질적으로는 넉넉하지 못했다. 나의 부모님께서 좀더 부유했더라면 지금과는 다른 인생을 살고 있을까? 가끔씩 그런 생각을 해볼 때가 있다. 그러나 지금 나의 위치는 내가 마련한 결과라는 것도 잘 알고 있다. 나의 20대가 내 기대에 미치지 못했다면 그건 순전히 내 노력부족이 아니었을까?

다음 나의 전생공덕은 그리 만만치 않았던 것 같다. 결혼과 시집살이, 육아와 노동이 한꺼번에 몰아닥쳤던 그 시기가 나에겐 꽤나 버거웠던 것으로 기억된다. 전생에 나는 무엇이었을까? 특별한 취미나 흥미로운 것도 없고 참을성 또한 부족하니 그 무슨 직업도 어울릴 것 같지 않다.

그래도 하나를 꼽으라면 '깨달음'에 관한 관심이다. 그저 관심사항이었을 뿐 이루어놓은 것은 아무것도 없다. 전생에 내가 무엇이었든 나는 내가 지불해야할 대가를 충분히 치렀다고 생각한다. 버거운 현실을 비켜가기보다 정면으로 부딪치며 살았다. 그것이 내가 바쳐야할 이승에서의 세금이라고 생각했기 때문에.

다음으로 현재의 내 삶, 나의 이승공덕은 과분한 것으로 생각된다. 나는 살아가는 동안 많은 행운을 만났고 많은 것을 이루었다. 뜻하지 않은 행운을 만날 때마다 나는 나의 이승공덕을 생각하곤 했다. 그 모든 행운이 내게 왔으므로 나의 이승공덕이 괜찮았구나, 하고 생각하게 되는 것이다. 나는 누가 알아주지 않아도 스스로 글쓰기를 즐겼으며 노년의 글쓰기는 훌륭한 소일거리인 동시에 성찰의 기회가 되어줄 것이다.

내 아들과 딸이 이 글을 읽을 것이다. 그 아이들은 내 홈페이지를 수시로 들락거리니까 자연스럽게 이 글을 읽을 것이다. 내 유언을 따라줄 사람은 그들이니까 나는 따로 유언장을 만들지 않고 이 글 속에 하고 싶은 말을 남겨놓겠다.

나는 자식 농사도 아주 흡족하다. 아이들이 잘 자라 준 것은 축복이다. 아니 어쩌면 나는 태교를 열심히 했다고도 할 수 있다. 아이들이 배속에 있을 때 모험심 많고 인성 좋은 사람이 되기를 바라며 열심히 동화책을 사다 읽었던 기억이 난다. 아이들이 온실 속 화초보다는 산과 들의 야생화로 자라기를 바랐다.

아들은 어릴 적에 "엄마 아빠 중 누굴 닮았니?" 하고 누가 물으면 "난 아무도 안 닮고 나를 닮았어요."라고 대답해서 질문하는 사람을 무색하게 만들곤 했다. 생각할수록 명언이다. 그래, 인간은 누구나 자기 자신일 뿐이지.

나의 걸작품 아들딸아, 지금부터 어미의 말을 잘 듣고 따라주기 바란다. 내가 불치병이나 치매에 걸린다면 나를 전문시설에 맡겨다오. 나는 전문시설에 맡겨질 만큼 비용을 남길 것이다(각종 보험 등). 내가 죽으면 무덤을 쓰지 말고 화장하여 강물에 뿌려주기 바란다.

가족이란 이 세상에서 가장 좋은 만남일 것이다. 전에 '천국보다 아름다운' 이란 프랑스 영화를 보았는데 가족은 사후에도 만나는 것으로 나오더라. 일상의 모습이 아닌 전혀 다른 모습으로 만난다. 그래서 한동안 서로를 알아보지 못하기도 한다. 자살한 사람은 죽어서도 가족과 만나지 못한다.

우리 가족은 서로를 알아볼 수 있을지……? 어디에 있든 건강하고 자발적인 사람이 되어라. 세상은 자신이 꿈꾸는 대로 이루어진다는 믿음을 잃지 말고.

오늘은 유난히 노을이 아름답구나. 이 글을 쓰다말고 밖에 나가보았더니 서쪽과 북쪽 하늘이 온통 붉게 물들었네. 오랜만에 보는 장엄한 노을이다. 초닷새 눈썹달이 하늘 한가운데 떠있는 5월의 저녁, 천국인들 이보다 더 아름다울 수 있을까?

이렇게 좋은 날 써보고 싶었던 유서를 쓰는 기분도 괜찮구나.

참, 난 너희들에게 괜찮은 엄마였는지 궁금하네?

안녕, 나의 유전자들아.

*각종 서류는 부엌선반의 종이봉투 속에 들어있단다.

돼지는 왜 꼬리를 잘라 먹는가

돼지의 질병 중에 '꼬리를 잘라 먹는 병' 이 있다. 여태까지 이 병은 단순한 질병으로 알려져 왔는데 최근에야 이 병의 진짜 원인이 밝혀졌다. 원인은 자그마치 26가지나 된다.

돼지는 본능적으로 자연 속을 돌아다니며 코로 파고 건드리는 습성이 있다. 다른 돼지의 꼬리를 무는 행동은 처음에는 자연스러운 놀이의 하나로 시작된다. 꼬리가 하나의 놀이도구로 이용되는 셈이다. 그러다가 꼬리에 상처가 생기거나 피가 나기 시작하면 꼬리를 잘라 먹는 행동으로 발전한다. 꼬리를 잘라 먹기 시작할 때는 이미 중증의 질병으로 진행된 상태다.

이 병은 전염성이 강해서 집단 속의 한 놈이 걸리면 주위의 다른 놈들도 삽시에 옮는다. 밝혀진 원인 중의 첫째가 '시간이 남아도는 돼지의 행동' 이라고 한다. 돼지의 행동 하나 하나에는 목적이 있다. 사료를 섭취하고, 배설하고, 물을 먹고, 휴식을 취하는 등……. 그런데 목적 없이 어슬렁거리는 놈이 '꼬리를 잘라먹는 병' 에 걸린다는

것이다.

이것은 병균에 의한 질병이 아니다. 사람으로 치면 일종의 정신질환(요즘 유행하는 '왕따' 쯤이 되지 않을까)이라고 할 수 있다. 때문에 투약이나 주사보다는 발병의 원인을 제거해야 된다. 예방법은 동선(動線)의 적절한 배치와 다양한 놀이도구를 넣어주는 것 등이다. 꼬리에 험한 상처를 입은 놈을 격리시키고 폐타이어 등의 놀이도구를 넣어 주다보니 사람들의 이야기가 몇 떠오른다.

아메리카 이주민들이 원주민을 지배하는 수단으로 제일 먼저 퍼뜨린 것이 '술과 도박' 이라고 한다. 술과 도박은 원주민들에게서 그들의 일과 문화를 빼앗았다. 힘들게 일하는 대신 달콤한 주신(酒神)의 유혹에 빠진 것이다. 일을 할 필요가 없어진 이들은 대부분 알코

올과 도박에 중독 되어서 시간의 흐름을 잊고 산다.

그러나 의식 있는 원주민들은 지금도 그들의 구역 내에서 자신들의 생활방식을 지키며 살아가고 있다. 남자들은 사냥과 수렵으로 먹을 것을 구하고 여자들은 아이를 기르고 사냥이나 수렵의 수확물로 장신구를 만들어 관광객을 상대로 장사를 한다.

그들은 이주민들이 무상으로 뿌리는 술과 돈을 과감하게 뿌리치고, 자식을 명문대학에 보내지도 않는다. 대통령을 뽑는 투표권도 거부하고, 어떤 문명의 편리함과도 타협하지 않으며, 자연 속에서 모든 생필품을 구한다.

우리 집에서 가까운 곳에 초현대식 고급백화점이 생겼다. 도심을 벗어난 변두리에 위치한 데다 지방소도시의 특성상 고전하리라던 예상을 뒤엎고 연일 성시를 이룬다.

우선 주차장이 넓고 없는 것 없이 다 있어서 나도 그곳엘 자주 간다. 백화점에 들어서면 하인을 여럿 거느린 상전이 된 착각에 빠진다. 7층을 오르는데 단 1분도 걸리지 않는 엘리베이터가 있다. 아래층에서 위층을 오를 때는 계단에 가만히 서있기만 해도 에스컬레이터가 데려다 준다. 오색전구가 반짝이는 엘리베이터를 타고 단숨에 7층을 오르내리면 내가 갑자기 세련된 도시인이 된 환상에 빠진다.

도대체 한 발짝도 걸을 필요가 없으니 이 얼마나 편한 세상인가. 뿐인가. 식품코너에 진열된 물건을 보면 참으로 편리한 세상임을 실감한다. 씻어 다듬은 콩나물, 씻어 다듬어 양념을 곁들인 매운탕, 초장을 곁들인 생선회, 빚어놓은 수제비, 온갖 나라의 전통음식, 점원의 간드러진 친절도 싫지 않고 깔끔하게 진열된 물건은 모두가 최고급품으로 보인다.

TV의 드라마 속에서 보았던 부잣집마나님의 약간 도도한 몸짓을 흉내 내며 쇼핑카트에 이것저것 주어 담는 재미가 쏠쏠하다. 돈이 든 지갑과 입만 있으면 만사 오케이다. 지갑이 든든한 날은 천하가 눈 아래로 보인다.

이 백화점에서 시장을 보는 한 나는 더 이상 촌놈이 아니다. 제법 사람 대접받는 기분은 그저 황홀하다. 팩에 든 된장과 김치를 사들고 백화점을 나서는데 옷자락이 문턱에 걸린 듯 자꾸 뒤가 돌아 보인다. 정체를 알 수 없는 말의 혼령들이 덜미를 잡는다.

'말이 단 집에는 가지 말고 장맛이 단 집에 가라' 는 말이 앞을 가로 막는다. 그러니까 장맛은 곧 여인의 심성을 대변하는 잣대였다. 이제 이 말의 수명은 끝났다. 사람이 지어서 쓰는 말에도 수명이 있음을 실감한다. 요즘은 이런 수명을 다한 말들이 더러 눈에 띈다. '십년이면 강산이 변한다.' 라든가, '농자천하지대본(農者天下之大本)' 등등 …….

생각해보면 강산은 아침저녁으로 변하고 농사는 세상일의 근본이 아니다. 10년 전에 나는 손수 콩을 심고 가꾸고 거둬들였다. 다시 그 콩으로 메주를 쑤어 아랫목에다 띄웠다. 손이 없는 청명한 날에 소금물을 풀어 장을 담았다. 콩 한 알이 된장으로 탈바꿈하는데 꼭 1년이 걸렸다. 1년이 걸려 얻어낸 된장을 나는 지금 단 10분 만에 사다 나른다.

빨래하는 수고를 덜자고 세탁기를 만들고 복잡한 일에서 놓여나려고 편리한 주방용품을 개발했다. 우리가 발명한 기계덕분에 우리는 많은 시간을 벌었다. 세탁기에 빨래를 넣고 전기밥솥에 밥을 부탁해놓고 멍하니 앉아서 내가 벌어놓은 시간의 행방을 헤아려본다.

그 엄청난 시간은 어디서 무엇에 쓰이고 있을까? 다른 돼지의 꼬리를 잘라먹는 돼지처럼 나는 누군가의 꼬리를 찾아다니는 일은 없을까. 나도 모르는 사이에 내게도 꼬리를 잘라먹는 질병이 자라나고 있는 것은 아닐까. 그리고 그것의 병균을 내가 속해 있는 집단 속에 퍼뜨리고 있는 것은 아닐까.

때때로 넘쳐나는 시간의 홍수 속에 둥둥 떠밀리다가 남아도는 그 시간이 오히려 짐이 될 때가 있다. 그래서 나는 다시 호미를 잡고 그 옛날처럼 콩밭으로 돌아가고 싶은 것이다. 사람이건 짐승이건 적당한 소일거리와 건전한 놀이문화가 절실한 시점이다.

2부 흐르는 노을도 아름답다

알아야 면장을 하지
파리를 위한 명상
암보다도 무섭고 호랑이 보다 무서운
오리 이야기
학교 가는 길

알아야 면장을 하지

1일면장을 하기로 한 날이다. 아침 8시 50분까지 면사무소로 나와 달라는 전화를 받았다. 면장은 면민을 대표하는 자리니까 경건하고 신중한 마음가짐을 위해 아침 일찍 일어나 정성껏 세수하고 행장을 차렸다. 행장을 차린 후에 기도하는 마음으로 차를 한 잔 마셨다.

차를 마시면서 오늘 하루가 어떻게 전개될지 궁금했고 걱정되기도 했다. 알아야 면장을 하지, 라는 말이 있는 걸 보면 면장자리는 아는 게 많아야 되나본데 '서면' 사람이 된지 만 28년이지만 나는 우리 '서면'에 대해서 아는 게 하나도 없다.

주민등록증이나 인감증명을 떼러 잠깐 들릴 뿐 면장님이 누군지 면의 사정이 어떻게 돌아가는지 전혀 관심 밖이었다. 우리 면은 물론 우리 마을에서 어떤 일이 벌어지는 지도 모르고 지냈다. 내가 사는 마을에 이렇게 관심이 없어도 되나? 그래도 아이들의 고향마을인데……. 부끄러운 마음이 들던 차에 잘 됐다. 비록 하루일망정 면장이 되어 면의 살림살이를 살펴보는 것은 나에게도 많은 보탬이 될 것이다.

전 직원 앞에서 1일면장의 인사를 할 때는 가슴이 두근거렸다. 오늘 하루 열심히 면장 노릇해보겠다는 요지의 인사말을 했다. 인사말은 1분도 걸리지 않았다. 주례사나 인사말은 짧을수록 좋다는 생각에서였다. 1일 여성명예면장 위촉장과 운영계획표를 받고 좌석을 배치받았다. 책상 위에는 "일일 명예면장" 이라는 종이명패가 놓여있다.

오늘 업무보조자는 시원시원한 언행의 마흔 중반인 복지계장님이다. 그의 책상 위에는 손바닥만한 앉은뱅이 거울이 하나 있다. 그는 사무실의 책상만이 아니라 집안 곳곳에도 거울을 비치해놓고 틈나는 대로 거울을 본다고 했다. 거울에 비친 자신의 맑은 표정을 보면서 힘과 용기를 얻는다는 거울예찬론자다.

거울 속 자신의 얼굴에 반한 불혹의 사나이라! 혹시 냇물에 비친 자신의 미모를 흠모하다 물에 빠져죽었다는 '나르시스' 의 화신? 주름살보다는 자기애의 용기를 택한 나르시스, 덩달아 나에게도 용기가 샘솟는 것 같아 긴장이 슬슬 풀리기 시작한다.

'순천소식지' 를 통해 낙안민속마을, 송광사, 선암사, 순천만을 잇는 시티투어가 매일 운행되고 있음을 알았다. 박식한 관광안내원이 따라붙는 시티투어는 시간과 비용이 절약되니 초행인 외지손님들에게 권장할만한 코스다. 버스로 30분이면 천혜의 관광명소가 즐비한 순천.

어디 사냐는 물음에 '순천' 이라고 대답하면 열이면 열 사람 '순천에는 미인이 많다던데.' 라는 대꾸가 돌아온다. 이런 말을 들을 때 마다 부산에서 순천으로 시집온 나로서는 기뻐해야할지 말아야할지 좀 헷갈린다.

말썽 많은 '쓰레기매립장'에 관해 상세히 알게 된 것도 수확이다. 순천시의 쓰레기매립장이 바로 우리 마을 뒷산 너머에 건립된다고 마을에서 데모분담금까지 냈던 나로서는 각별히 관심이 갔다. 우리들이 적극반대투쟁(나는 왜 적극 반대하는지 이유도 모른 채 분담금을 냈는데 들어보니 시청 앞에서 1인시위하는 사람들의 비용 등등으로 쓰인다고 했다.)을 벌이고 있는 쓰레기매립장 건설은 그러나 입지결정고시까지 끝낸 사항이어서 변경의 여지가 없는 상태라고 나와 있다.

모르긴 해도 해당기관에서 이미 법적절차를 끝낸 사안에 대하여 왈가왈부하는 것은 계란으로 바위 치는 격 아닌가? 어디가 되었건 쓰레기매립장이 건립되어야 하는 것에는 이론의 여지가 있을 수 없다. 우리가 만든 쓰레기를 우리가 치우지 않고 누구에게 떠넘길 것인가? 혐오시설이기 때문에 '우리 지역은 안 된다'고 우기면 머지않아 우리 모두 쓰레기더미에 깔려 죽을지도 모른다.

전국적으로 장애인시설이나 납골당, 화장장 등등 소위 혐오시설(따지고 보면 그게 왜 혐오시설인가? 우리는 늙지 않고 아프지 않고 죽지 않을 것인가? 결국은 우리들이 이용할 시설인데)들이 주민의 반대에 부딪쳐 표류하고 있는 것도 안타까운 일이다.

근본적으로 중요한 것은 '어디에 만드느냐'가 아니라 '왜 만들어야 하는가?'이며 나아가서 쓰레기를 줄이는 생활의식이다. 멋모르고 반대투쟁의 분담금까지 냈던 나로서는 참으로 맥 빠지는 일이었다. 시청 앞에서는 추위에도 아랑곳없이 오늘도 반대시위가 계속되고 있다.

오후에는 '쌀 소득보전 직접 지불제' 관련회의에 참석했다. 각 마을의 이장이 참석하는 회의다. 쌀 소득보전 직접 지불제란 내년부터 시행되는 논농사장려정책이라는데 홍보부족인 듯 이장들의 질문이 쏟아지다가 마침내는 원색적인 욕설이 터져 나오기도 했다. 금액환산법이 복잡한 데다 고양이 손이라도 빌리고픈 농번기에 농민들을 만나서 직불제의 내용을 이해시키고 관련서류에 도장을 받아 내야 하는 어려움을 토로하는 이장들도 있다. 몇 번 설명을 들었지만 나도 이 제도의 참뜻(아니 명칭조차도)을 이해하지 못했다. 원!

결제도장은 모두 3번 찍었다. 출장명령부에 하나, 차량운행 하나, '기초생활수급자생계주거비 지급내역서' 가 하나였다. 마지막 건은 액수가 거금 '육천일백만원' 짜리다. 내용을 따져보지도 않고 덜컥 도장을 찍었다가 후환이 생기는 것은 아닐까? 도장을 지참하지 않아 대신 사인을 날리는 기분은 어쨌든 조금 우쭐하기도 하고 뒤탈이 걱정되어 심난하기도 했다.

점심시간에 직원들과 식사하러 나갔다가 돌아오는 길에 우리 집에 들러 차 한 잔을 나누었다. 면사무소에서 우리 집은 5분 거리다. '단정하게 꾸며진 정원은 흔히 보았지만 야생화정원은 처음인데요.' 저 나고 싶은 곳에 제 멋대로 나있는 꽃밭이 예쁘다는 칭찬에 눈이 어두워 아끼는 포도주를 개봉하여 한 잔씩 권했다.

권하며 사양하며 마시다가 업무시작 시간을 넘겨버렸다. 부랴부랴 달려가는데 중간쯤 도로 위에서 민방위 사이렌을 만났다. 오후에 민방위 지도를 나가게 되어있는 우리들은 차안에서 그만 민방위 사이렌에 갇히고 말았다. 다른 차들은 민방위 훈련에 아랑곳 않고 쌩쌩 잘도 달리는데 우리는 차안에서 발을 동동 구르며 해제사이렌이 울리기를 손꼽아 기다렸다(아, 이렇게 준법정신이 투철한 공무원들이라니!).

민방위 지도를 못 나갔으니 이건 시말서감이다. 예전에 나도 직장인일 때 저녁회의에 참석하지 않았다가 면장에게 불려가서 꾸중 듣고 시말서 쓴 적이 있었다. 시말서 몇 번이면 자리보존이 위태로워지는데, 일일면장이 시말서를 쓰면 어떻게 되는 건가? 동행한 직원들에게는 '오늘 사태에 관해서 책임질 일이 있으면 일일면장이 책임지겠다.' 며 호기를 부렸지만, 면장체면이 말이 아니었다. 다행히 시말서를 쓰는 일은 일어나지 않았다.

퇴근 무렵 직원들이 '공무원노동조합' 이라 새겨진 조끼를 입고 나타났다. 말로만 듣던 공무원노조다. 설마 일일면장 앞에서 파업투쟁을 하겠다는 것은 아닐 테지? 공무원이 노조를 만들면 '사' 는 누가 되느냐고 거울예찬론자, 복지담당(요즘은 주사니 계장이니 하는 호칭이 없어졌다고 한다)께 물었다. 그거야 면민(국민)이 되겠지요. 마침내 올 것이 왔구나!

이때부터 나는 노조들의 눈치를 보기 시작했다. 각목이며 화염병이며 몸싸움으로 난장판이 벌어지는 파업 장면을 텔레비전에서 많이 봐왔기 때문이다. 국민과 공무원 사이에 혹시 그런 사태가 벌어지면 어떻게 되나? 아아, 이미 공무원의 연가파업이 시작되었다고 매스컴에서 연일 야단법석들이지 않은가. 공무원이 일손을 놓자 대민 업무가 마비되고 노조간부들이 연행되고…….

일일면장을 끝내는 나의 소감은, '노사간에 문제가 있다면 함께 풀어야 합니다. 제발 우리 노사는 함께 나아가기를 바랍니다. 그리고 화장실에 휴지가 없던데요, 휴지를 마련해두는 것도 대민 서비스의 중요한 몫이 아닐까요? 유익한 하루였습니다. 이만.'

파리를 위한 명상

아들아이가 초등학교 상급반이었을 때 두세 살 아래의 제 사촌들과 '자기고장 자랑하기' 놀이하는 것을 본 적이 있다. 우리 집 아이는 순 순천 토박이이고 제 사촌들은 순 서울 토박이이다. 그러니 우리아이는 순천 자랑을 하게 되었고 제 사촌들은 서울 자랑을 하게 되었다. 승주군이 순천시에 편입되기 한참 전의 일이니까 순천시가 아닌 승주군 자랑을 한 셈이다. 교통량이나 인구밀도 면에서 세계에서도 첫째가는 서울과 시골 중에서도 후진 시골의 대결이라, 어찌 보면 문명과 원시의 대결일 수도 있고 일등과 꼴찌의 대결일 수도 있겠다.

아이들은 서로 자기고장에 대한 자부심이 대단해서 분위기는 긴장감마저 돌았다. 아이들의 눈에 비친 서울과 시골의 자랑거리란 과연 무엇일지 지켜보는 어른들도 긴장되기는 마찬가지였다. 먼저 서울 토박이가 서울 자랑을 시작했다.

"형네마을엔 63빌딩 있어? 아이맥스 영화관 있어?"

"없다."

"그럼 형네마을엔 어린이대공원 있어? 동물원 있어? 서울 랜드 있어?"

"없다."

"형네마을엔 고가도로 있어? 지하철 있어?……" 서울 자랑은 꼬리에 꼬리를 물었다. 대답이라곤 '없다' 로 일관하던 시골형의 반격이 시작되었다.

"그런 너희 서울엔 논 있냐? 밭 있냐? 메뚜기 있냐? 서울엔 돼지 없지? 풀도 없지? 파리, 모기도 없지? ……."

자랑거리 숫자에서 열세에 밀리던 시골 형이 파리모기를 내세우는 바람에 놀이는 중단되었다. "파리모기 많은 게 무슨 자랑이야?" 하고 서울아이들이 제동을 걸었던 것이다. 아이들의 입씨름에 귀를 기울이고 있던 가족들은 웃음보를 터뜨리고 말았다.

내 아이의 자랑거리 서열에 한자리를 차지할 만큼 시골에는 파리가 많다. 밤하늘에 반짝이는 별의 숫자보다 많고 황하의 모래알보다 많을 것이다.

올해는 유난히 파리가 극성이라는 소식이다. 생태계의 어떤 조건이 파리에게 유리했거나 초특급 극약처방에 내성을 가진 강력한 파리가 등장했을 수도 있다. 가까운 곳에 제법 손바닥만한 지하도도 생기고 대형백화점도 생겨나고 문화시설이 하나 둘 등장하고 있는 요즘도 이 불청객은 사라질 기미가 없다.

정성들여 마련한 음식에 허락도 없이 내려앉아 더러운 병원균을 중매하거나 잠자는 얼굴에 막무가내 달라붙어 고요를 방해하는 역할 외엔 백해무익한 해충. 길가에 버려진 돌멩이 하나도 쓰일 곳 봐서 생겨났다는데 도대체 이로움이라고는 눈을 씻고 봐도 없다.

생전에 유대인을 대량학살 했던 '히틀러'는 죽어서 소나무 분재로 환생했다고 한다. 인간의 존엄성을 파리 목숨보다 더 하찮게 취급했던 대가로 철사 줄에 묶인 채 이리저리 강제로 배배 꼬이고 뒤틀린 소나무 분재의 삶을 살아야하는 독재자!

그렇다면 파리는 전생에 어떤 삶을 살았던 인간이었을까? 돈에 대한 탐욕과 권력에 눈먼 고관대작? 백성을 상대로 거짓말을 밥 먹듯 해댄 나라님? 제 잘못을 참회하듯 잠시도 쉬지 않고 손발을 비벼대는 저 고단한 몸놀림이 예사롭지 않다.

무슨 악연의 업보로 보는 족족 때려잡으면서도 그 왕성한 번식력과 민첩성 그리고 끈질긴 생명력에 미움과 연민을 동시에 느낀다. 때려잡는 심정이 마냥 상쾌한 것은 아니기 때문이다. 어쨌든 살생은 살생이니까.

나처럼 파리채가 생활필수품인 어느 친지는 파리를 잡을 때마다 '발보리심' 하고 외친단다. 내 비록 너의 해악을 참지 못해 오늘은 매를 들지만 부디 내생에서는 이로운 몸을 받으라는 축원이라고 한다. 나도 요즘 자주 그 친지의 흉내를 낸다. 파리자랑을 서슴없이 늘어놓는 내 아이들처럼 나도 어느새 파리와 친숙한 사이가 되었나?

평생 시골에서 축산업을 하다보니 파리에 얽힌 사연도 많다. 손님, 특히 도회지 손님들은 파리를 호랑이보다 무서워한다. 그래서 도회지 손님이 오시는 날은 파리 많은 것이 내 잘못 같아 하릴없이 송구스럽고 죄인이 된 심정이다. 외부 손님이야 하루 이틀 아니면 잠깐 쉬었다 가니까 그럭저럭 넘어갈 수도 있다.

문제는 우리 가족들이다. 첫아이를 키울 때의 일이다. 아이는 초가을에 태어났다. 파리는 철이 없어서 가을, 겨울이라고 횡포가 줄어드는 것은 아니다. '가을파리 끓듯'이라는 말처럼 동네파리가 온통 갓 태어난 아이에게 엉겨 붙어 아이를 괴롭혔다.

그 무렵 햇병아리 어미의 지상과제는 파리로부터 어린 것을 보호하는 일이었다. 파리 잡겠다고 갓난아이의 방에 파리약을 뿌릴 수도 없고 그렇다고 지켜 앉아서 일일이 쫓아버릴 만큼 한가로운 처지도 아니기에 더욱 고민이었다. 아, 왜 진작 그 생각을 못 했을까?

어느 날 섬광처럼 뇌리를 스치는 것은 '아기모기장' 이었다. 웃 장, 아래 장, 중앙시장……. 골목골목 누비며 아기모기장을 찾았다. 영문을 모르는 가게주인들은 '돌아도 참 별나게 돌았네. 아까운 나이에 쯧쯧……' 면전에 대놓고 혀를 찼다. 아침저녁 찬바람이 불고 있는 때에 아기모기장을 외치고 다니는 새파란 아낙이 정상으로 보일 리 없었을 것이다.

그래도 나는 아기모기장 찾는 일을 포기하지 않았다. 부산의 친정에 도움을 청했다. 친정어머니는 부산국제시장을 다 뒤져 아기모기장을 구해 오셨다. 부산에서 구해온 앙증맞은 아기모기장은 아이들의 어린시절 생필품 1호였다. 값은 고하간에 철지난 아기모기장을 보관하고 있었던 얼굴도 모르는 가게주인이 나는 얼마나 고마웠는지 모른다.

파리는 사람에게는 말할 것도 없고 소 돼지 닭 따위 가축에게도 초대받지 않은 손님이다. 방역비용의 상당부분이 파리모기 구충제대금으로 지출된다. 산란을 억제시키는 것, 유인제 등 파리퇴치를 위한 약제도 여러 종류가 있다. 재빠르게 파리약을 수입하여 일약 재벌이 된 사람도 있다.

'쿠펙스' 라는 이름의 구충제는 한번 뿌려두면 효과가 한달씩 지속됐다. 쿠펙스가 한창 명성을 떨치던 시절에는 집안이나 축사에도 파리 한 마리 날아다니지 않았다. 벌써 이십여 년 전의 일인데도 그날의 통쾌했던 약효는 지금도 향수를 불러일으킬 만큼 대단한 것이었다. 그러나 달이 차면 기울 듯 떵떵거리던 쿠펙스의 영광도 서너 해 못 가서 빛을 잃고 말았다. 파리란 놈에게 내성이 생겼기 때문이었다. 이젠 쿠펙스보다 훨씬 지독한 약이 나와야 파리를 이길 수 있게 되었다. 그래서 사람과 파리의 머리싸움은 오늘도 계속되고 있는 것이다.

발음이 같은 이유인지 몰라도 파리, 하면 내 머릿속에 제일 먼저 떠오르는 것은 프랑스의 수도 '파리' 다. 파리는 예술의 도시, 예술 중에서도 30대 여인을 상징하는 예술이라고 한다. 30대라면 알맞게 성숙한, 여인으로서는 최고의 전성기에 해당된다.

그 대단한 도시가 불과 몇 세기 전에는 파리 떼와 악취로 들끓었다고 한다. 금세기 파리의 명물인 하수종말처리장과 쓰레기소각장, 지하묘소, 그리고 여인들의 영원한 기호품인 '향수' 가 다 그날의 파리와 악취를 박멸하려는 데서 출발했다고 하니 파리의 공헌도가 이 아니 범상한가?

그러니 오늘 나를 괴롭히는 우리 집의 파리 또한 어떤 걸작품을 탄생시킬지 기대되는 바 클 수밖에. 발보리심!

암보다도 무섭고 호랑이보다 무서운

노화와 함께 뇌가 축소되어 발병한다는 치매는 전 미국대통령 '레이건'과 '이태영' 한국 최초의 여성변호사에 의해 유명해진 병이다. 통계에 의하면 80세 이상의 미국인 60%가, 한국의 65세 이상 농촌 인구 중 20%가 이 병으로 고생하고 있다 한다. 기억장애와 성격장애, 집중력장애 등등으로 일상생활이 불가능해져 본인은 물론 가족들의 고충이 막대한 병이다.

무엇보다 치매는 병으로 인정받지 못하는 것이 가장 큰 문제인 것 같다. 병에 대한 이해부족으로 제 때에 적절한 치료를 받지 못함은 물론 병의 특징상 학대나 방치의 가능성이 높으니 당사자로서는 억울하기 그지없고 동거하는 가족으로는 지옥에 다름 아닌 고통이 되고 있다. '드러난 환자' 즉 본인에겐 천국(과연 그럴까?)이며 '그늘에 숨겨진 환자' 즉 보호자에겐 지옥이 된다는 병. 만약 치매가 아니고 '암'이라면 어땠을까. 정확한 병명을 알기 위해 이름난 병원에서 종합검진이 이루어질 것이며 한때나마 시설이 좋은 병상에서 가족들의 과분한 동정과 보살핌을 받을 수도 있었을 것이다.

암이 육체를 파괴시킨다면 치매는 정신을 파괴시킨다. 인간은 육체보다는 정신을 중요하게 생각하므로 암 환자에 비해 치매환자는 턱없이 불공평한 대우를 받는 셈이다. 평균수명은 늘어났지만 인간에게 병을 골라가면서 앓을 재주는 없기에 오래 산다고 마냥 행복해할 일은 아니다.

친정어머니는 돌아가시기 전 3년 동안 치매를 앓았다. 그 중의 보름간을 우리 집에서 지내면서 말로만 듣던 치매의 진면목을 나에게 보여주셨다. 결혼 이후 줄곧 시부모를 모시고 살아온 나는 친정어머니께 그간의 부족한 딸 노릇을 할 수 있는 기회라 생각하고 못 다한 효도를 하기로 결심했다.

어머니는 생각했던 것보다 증세가 심했다. 갑자기 환경이 바뀌어서 인지 사위도 못 알아보았고, 동서남북 방향감각이 없었으며, 옷의 앞뒤를 구별하지 못했고, 혼자 옷소매를 꿰지도 못했다. 그 와중에서도 딸을 알아보시고 엄마 손을 놓지 않으려는 아이처럼 딸의 뒤를 졸졸 따라다녔다. 웬 낯선 사람이 거울 속에 있다며 거울을 들여다보며 말을 걸고 금방 밥을 드시고도 돌아서서 안 먹었다고 하여 가족들에게 '거짓말쟁이' 또는 '식탐이 많은 노인' 이란 낙인이 찍히기도 했다.

하루는 어머니가 집을 나가 5시간 동안 식구들이 찾아 헤매는 일이 벌어졌다. 내가 돈사에서 돼지새끼를 받고 올 동안 텔레비전 보시면서 한 시간만 기다리라고 했더니 '그러마' 해놓고는 그만 집을 나가버렸다. 처음에는 집안 구석구석과 이웃집을 뒤지다가 차를 타고 나가서 시내 가는 길과 버스 정류소마다 샅샅이 뒤지고 다녔다.

어느 책에서 보았던, '치매환자는 뒤돌아보는 일 없이 앞으로만 간다.' 는 말이 생각나서 되도록 큰길을 따라 멀리멀리 찾아다녔다. 한참 찾아다니다가 혹시나 하는 마음으로 마을회관에 달려가서 방송을 했다. 이러이러한 할머니를 보셨거나 보호하고 계신 분…….

그랬더니 1분도 되지 않아서 마을할머니가 어머니를 모시고 나타났다. 들에서 밭을 매고 있는데 낯선 할머니가 들에서 왔다갔다 헤매는 게 이상해서 어디에 사느냐, 아들 이름이 뭐냐고 물었더니, 부산에 살며 큰아들 이름이 뭐라기에 길을 잃었구나, 싶어서 자신의 집으로 모셔왔다고 했다. 마을할머니가 아니었다면 어머니는 어떻게 되었을까 ….

어머니의 팔짱을 끼고 집으로 돌아오면서 왜 텔레비전 보면서 기다리지 않고 집을 나가셨냐고 물었더니 "내가 싫어서 피해버린 줄 알고 우리 집에 가려고……"라며 울먹였다. 다음부터 돼지새끼 받을 때는 돈사에 모셔다놓고 새끼 받는 일을 함께 했더니 아이들처럼 새끼돼지의 동작 하나하나를 보면서 웃고 즐거워하셨다. 작은 일거리를 맡기거나 심부름을 시키면 1분도 안 돼서 되돌아와 "뭐라고 했나? 뭐 가지고 오라고?" 하면서 같은 말과 같은 행동을 수도 없이 되풀이한다. 집중하기에는 어려움이 있었지만 눈앞의 사물에 관심을 가지려는 태도가 역력했다.

나는 이번이 어머니와 지내는 마지막 기회일 것 같아 어머니를 즐겁게 해드릴 방법을 연구해보았다. 목욕탕에도 가고, 아침저녁 산책도 함께 하고, 맛있는 것도 사드리고……. 그리고 무엇보다 많은 얘기를 도란도란 나누고 싶었다. 돌아보니 어머니와 속 깊은 얘기를 나누었던 기억이 거의 없다. 어릴 때는 어머니가 어려워서, 학교 다닐 때는 대화할 기회가 없어서, 결혼해서는 사는 일에 바빠서, 그리고 지금은 어머니의 쇠퇴해버린 정신 때문에 대화가 어려우니 한 번도 모녀지간에 대화다운 대화를 해본 적이 없는 셈이다.

치매환자는 최근의 일은 기억 못하지만 옛날 일은 잘 기억하고 옛날 얘기를 시키면 즐거워한다는 말을 들었다. 옛날 얘기 중에서도 어머니의 신혼시절 얘기와 나의 어릴 적 얘기를 듣고 싶다. 가능하다면 어머니가 신혼시절을 보냈다는 일본의 어느 마을로 함께 여행을 떠나고 싶은 마음도 간절했다. 그 마을의 골목골목을 걷다보면 옛날 기억이 조금은 살아나지 않을까. 나는 그만큼 여유를 갖추었지만 어머니는 '일본' 이라는 말뜻조차 알아차리지 못한다.

목욕탕엘 갔다. 어머니는 내가 대수술을 받고 팔이 불편할 때 내 몸을 정성스레 씻겨주셨다. 내 몸의 아픈 곳, 가려운 곳을 나보다 더 잘 알고 시원하게 때를 밀어주셨다. 가슴의 상처를 가리고 구석으로 파고드는 딸에게 "괜찮다, 괜찮다. 야야, 그 흉터가 뭐가 부끄럽다고 숨기노. 가슴을 쫙 펴 라이." 용기를 주시던 어머니.

이젠 내가 어머니를 위로해드릴 차례다. "괜찮아요. 괜찮아요. 미국 대통령도 걸렸고 이태영 박사도 걸렸으니 정말로 대단하고 명예로운 병이잖아요. 부끄러워 마시고 당당하시라고요."

그런데 어머니의 정신연령은 다섯 살 아니 세 살 아이에 머물러있는 것 같다. 물통을 가져다 쌓고, 남의 비누통을 가져오고, 수건을 모아다 빨고, 그러다가 얼른 나가자고 졸라댄다. 꼭 한번 어머니의 등을 밀어드리고 싶었던 내 소원은 영영 이루지 못했다.

손쉽게 할 수 있는 단순한 일거리를 드리면 좋다고 해서 시어머니와 함께 쑥 캐러 뒷산으로 갔다. 그 날이 마침 '어버이날' 이어서 두 어머니께 백숙을 대접하고 산으로 나가니 보은행사로 적절하다 싶었다. 지천으로 널린 쑥을 두고 한사코 검불을 집어넣는 바람에 사돈 간에 티격태격 언쟁이 벌어졌다. "쑥을 캐야지 웬 검불을 넣느냐 말이오!" 시어머니가 소리치면 "뭐면 어때요?" 하고 받아친다.

예전의 유별나던 사돈조심은 어디 가버리고 한 치의 양보도 없다. 쑥을 캐야하는 줄 알면서도 팔이 검불을 집게 되니 '내가 왜 이러나, 내가 왜 이러나,……' 안타까워하신다. 어쩌다가 끊긴 뇌신경회로에 스파크가 일어날 때면 "내가 왜 아무 일도 하지 않고 이래 있노? 사람이 일을 해야지. 이러면 안 되는데 하아 참 하아 참……."을 연발하시며 땅이 꺼질 듯 한숨을 내쉰다.

프랑스 최고의 지성, 아이리스 여사(작가)가 치매에 걸렸을 때 가장 많이 했던 말이 "우리 언제 떠나요?"였다는데 어머니가 제일 많이 하는 말은 "내가 왜 이러고 있나?" 다. 평소에 손놓고 잠시도 쉬지 않았던 부지런함이 무의식 속에 남아있는 것일까?

번쩍, 뇌리를 스치는 게 있어서 나는 얼른 '소리 북' 을 꺼내 휘몰이와 진양조장단을 쳐보았다. 어머니가 젊었을 적에 장구도 잘 치고 육자배기를 좋아하셨던 기억이 났다. 잠시 후에 놀라운 상황이 벌어졌다. 양산도 아리랑 밀양 아리랑을 가사 하나 곡조 하나 틀리지 않고 부르기 시작했던 것이다. 그 소리판의 끝은 어머니의 통곡으로 이어졌다. 자신의 의지로는 아무것도 할 수 없는 비감과 안타까움이 통곡 속에 녹아있었다.

저렇게 열정적으로 자신의 감정을 드러내는 것을 난생처음 보았다. 젊은 나이에 홀로 6남매를 키워낸 부지런하고 예의 바르고 총명했던 여인의 건강한 영혼은 어디로 사라져버렸을까?

치매는 가족력(家族曆)이 중요하다고 한다. 어머니의 말년은 미구에 닥칠 나의 노년에 다름 아니다. 부모의 병력은 자녀들에게 10년 앞당겨 나타난다니까 나와 가족을 위하여 치매예방에 각별히 신경 써야겠다. 그때를 대비해서 정신이 맑을 때 유서도 써놓고, 적당한 소일거리와 말동무도 만들고, 경제력도 준비해둬야겠다.

오리 이야기

오리를 사온지 40여 일이 지났다. 그 사이에 오리는 엄청나게 자랐다. 처음 오던 날, 물그릇이 턱에 닿지 않아 뒤꿈치를 쳐들어야했던 것들이 지금은 물그릇을 한참 내려다볼 만큼 키가 자랐다. 손톱만큼 해서 눈에 띄지도 않던 날개는 지금은 손부채만큼 커졌고 그 부채날개를 쭉 펴고 날갯짓을 할 때는 제법 어른오리 티가 난다.

오리가 하는 짓이란 눈뜨자마자 다리를 쭉 뻗고 온몸을 비틀거나 부리로 깃털을 헤집는 일, 꽉꽉 하루에 몇 번씩 소리 지르고 먹이를 먹는 일이 전부다. 오리는 온몸을 비틀고 기지개 켜는 일, 깃털 고르기에 많은 시간을 할애한다. 운동과 몸매다듬기가 주업인가보다.

그래 그런지 오리는 병이 없고 먹이도 동식물을 가리지 않는다. 풀은 기본이고 생선찌개 된장찌개 과일껍질 돼지고기를 비롯한 온갖 음식쓰레기를 먹어치운다. 넓적하고 우둔해 보이는 부리로 파리도 곧잘 잡아먹는다. 마치 청탁을 가리지 않는 청소부를 몇 명 거느리고 사는 것 같다.

그 무던한 식욕과 운동덕분에 햇병아리시절 거칠거칠하던 터럭은 기름기가 반들거리고 건강미가 넘친다. 오리에겐 사람들이 본받아야할 점이 많다. 특히 편식하고 게으른 사람들이 오리를 닮으면 좋을 것 같다. 사람들이 즐겨하는 체조동작들이 날짐승을 모방한 것이라더니 수긍이 간다.

오리집은 내가 보기에도 명당이다. 30년 생 감나무가 네 그루, 철망의 네 귀퉁이를 받치고 있어 볕과 그늘이 골고루 들고 통풍이 만점이다. 이 곳은 원래 닭장이었다. 지난해 병아리를 26마리 성공적으로 키웠던 곳이다. 터가 좋은지 닭들도 건강하게 자라주었다.

아무래도 내가 날개달린 짐승과는 합이 든 모양이다. 병아리를 키우기 전에는 개를 길렀는데 개는 세 번이나 실패하는 수모를 겪었다. 짐승 중에서 유독 사람을 잘 따르는 개를 키우고 싶었는데 뜻대로 되지 않았다.

시어머니 생전에는 개가 번성해서 어느 때는 서른 마리를 넘은 적도 있었다. 나는 시어머니의 정성을 거울삼아 예방접종을 해주고 신선한 사료와 청결한 물과 집을 만들어주었지만 허사였다. 서너 번 실패를 거듭한 후에야 나는 강아지와 합이 안 들었음을 인정하고 개를 포기하기에 이르렀다.

사람에게 저마다 맞는 음악이나 그림이 있다더니 짐승도 맞는 짐승이 따로 있는 모양이다.

강아지 대신 선택한 병아리는 석 달여 만에 어미닭으로 자라 유정란을 낳았다. 새벽을 알리는 꼬꼬댁 울음소리도 좋고 수탉의 야성은

항상 나의 관심을 끌었다. 입식한 26마리 중, 최종선발을 거쳐 암탉 열 마리와 수탉 두 마리를 남겼다. 암수의 숫자가 5대 1의 비율이면 적당하겠다는 계산이었다.

그런데 한 그룹에 수탉 두 마리는 허용되지 않는다는 사실을 금방 확인하게 되었다. 두 수탉들의 피비린내 나는 투쟁은 1주일이나 계속되었고 한쪽이 죽은 뒤에야 싸움은 끝이 났다. 늘 싸움소리가 그치지 않던 닭장에는 비로소 평화가 찾아왔다. 타협이나 평화라고는 없는 짐승들의 세계 아니 수컷들의 세계, 나는 그때 내가 참 멍청하다는 생각이 들었다. 밑도 끝도 없이 그런 생각이 들었다.

그런데 닭을 오래 키울 수 없는 이유가 생겼다. 녀석들이 얌전하게 닭장 안에서 알을 낳아주었으면 좋았을 텐데 닭장을 날아 나와서 말썽을 부리기 시작했던 것이다. 수탉은 거위만한 몸집으로 사람에게 달려들어 위협을 가하고 사료창고에 숨어들어 사료포대를 쪼아놓기가 일수였다. 돈사에 진출하여 사료를 주워 먹는 일도 생겼다. 악어와 악어새처럼 '돼지와 닭' 도 공생관계였더라면 좋았을 것을. 그러나 닭과 돼지는 상극이라고 한다. 닭이 워낙 질병이 많아 돼지한테 옮길 가능성이 큰 때문이었다. 돼지가 일순위인 우리 집에서는 삼가야할 동물인 것이다.

다음 등장한 주인공이 오리였다. 비어있는 닭장이 보기에 안 좋았던 것이다. 그러나 솔직한 심정은 '멍멍' 이나 '뻥뻥' 등 무슨 기척이든지 들려오고 먹이를 던져주는 소일거리가 그들을 위해서가 아니라 나에게 필요했던 터이다. 아이들이 학교기숙사로 떠나버리고 어른들은 돌아가시고 식구가 줄어지니 '마음 붙일' 무언가가 필요했던 까닭이다. 이번에는 심사숙고를 해야 했다. 말 못하는 짐승이라고 취하고 버리는 일을 함부로 할 수는 없는 노릇이다. 키우던 짐승을 잡아먹거나 처분하는 일이 유쾌하지 않은 때문이다.

오리는 날지 못하는 특성 때문에 낙점되었다. 날지 못하는 외에도 알은 고혈압에 좋다하고 질병이 없는 짐승이니 돼지에게 폐가 되지도 않는다.

결점이라면 주인을 알아주지 않는 점이다. 처음부터 대접받자고 저것들을 택한 것은 아니지만 볼수록 괘씸한 짐승이다. 먹을 것 챙겨주고 물주고 하루에도 수차례 문안드리는 주인을 도통 못 본 체하다니 저리 무심할 수가 있나. 같은 짐승이라도 개와 닭은 먹이를 보고 달려오는데 놈들은 주인을 피해 도망가기 바쁘다.

그저께 오리들의 또 다른 면을 발견하고 나는 요즘 깊은 생각에 잠겨있다. 동물 심리학자에게 자문을 구해보고 싶을 정도이다. 이웃집에서 배추를 가져왔기에 나는 오리와 내 몫을 2 : 2로 나누었다. 오리가 우리 집의 식구니까 나눠 먹는 것은 당연하다.

그런데 녀석들은 맛있는 배추를 보고도 못 본 척한다. 얘들이 편식을 하나? 배고프면 먹겠지 싶어서 종일 사료를 주지 않았다. 오리는 종일 굶으면서도 배추를 외면했다. 저것들이 굶어 쓰러지지 않을까, 오리와의 자존심 대결을 언제까지 계속할 것인지 내심 걱정되었다. 그런데 다음 날 아침, 수북이 쌓여있던 배추이파리가 흔적 없이 사라져버렸다. 다음날은 못난이 새끼돼지 한 마리를 먹기 좋게 요리하여 갖다 주었다. 역시 놈들은 본 척도 않는다. 돼지고기는 안 먹나? 이번에도 나는 사료를 주지 않으면서 버텼다.

돼지고기 냄새가 퍼져나가자 야생고양이와 까치가 몰려와서 군침을 흘렸다. 오리는 돼지고기를 앞에 놓고 먼산바라기를 하고, 야생고양이와 까치가 오리집밖에서 피투성이 싸움판을 벌인다. 싸움은 옆 건물의 옥상까지 옮겨 한나절 아니 다음날까지 계속되었다. 야생고양이는 만삭의 몸이라 싸움판의 분위기는 더욱 처절했다. 나는 황토방 마루에 앉아서 근 한나절 3자의 행동을 지켜봤다.

까치와 야생고양이가 싸우면 누가 이길까? 그 치열한 전투장면을 짐짓 외면하고 앉은 오리들의 능청은 정말 가관이었다. 그런데 낮에는 거들떠보지도 않던 돼지고기가 밤사이 또 사라졌다. 청천대낮엔 관심 없는 듯 외면하다가 아무도 안 보는 야밤중에 돼지고기와 배추를 먹어치우고(아니면 야생고양이나 까치가 먹었겠는가?) 아침이면 나 몰라라 오리발을 내미는 오리.

오리가 날지 못한다는 건 나의 무지였다. 종횡무진, 육해공을 주름잡는 팔방미인에 능청스런 재주까지! 그놈 볼수록 명물일세.

학교 가는 길

오늘은 순천대학 '최고여성농업경영자 과정' 제10주 강의가 있는 날이다. 아침 9시 30분부터 오후 4시까지 학교에서 보내야하기 때문에 바깥일이나 집안일을 미리 봐 두어야한다.

우선 일어나던 길로 고추모종에 물을 준다. 지난 번 사다 심었던 것들이 가뭄에 말라죽어서 지난 장에 다시 사다 심은 것들이다. 이번에는 꼭 살려내겠다는 각오로 아침저녁 부지런히 물을 주고 있다. 가뭄이 극심해서 옮겨 심은 작물이 말라죽는가 하면 뿌린 씨앗도 싹이 나지 않는다.

나야 내 한 입 해결하려는 심심파적 수준이지만 농사가 생업인 사람들은 생존에 관한 문제라서 심각하다. 가뭄 피해가 어찌 농사꾼들만의 문제이겠는가. 작물이 생산되지 않으면 사람들이 무얼 먹고 사나? 수입해오면 되지 않느냐고? 수입해오는 나라에 가뭄이 들면?

어느 국가나 개인인들 자연재해로부터 자유로울 수는 없다. 앞으로는 물과 깨끗한 공기, 먹을거리를 소유한 나라가 세계를 제패하게 될 것이라고 한다. 그래서 나도 먹을거리의 자급자족을 시도해보려는 것이다.

고추, 가지, 오이, 토마토 외에도 몇 가지 씨앗 뿌려둔 곳에 물을 흠뻑 준다. 시작한 김에 꽃들에게도 주고 오리한테도 준다. 물을 주니까 물 만난 고기처럼 어린잎들이 팔팔 살아난다. 하루하루 커 가는 것이 눈에 보일정도다. 물줄기를 따라 이리저리 몸을 움직이는 것이 마치 감로수를 받아먹으려는 몸짓처럼 보인다.

이 가뭄에도 기세 좋게 커나가는 것은 잡초들이다. 심은 적도 없는 잡초들은 저리도 잘 번성하는데 애써 가꾸려는 곡식들은 잡초에 밀리고 가뭄에 시들어가니 불공평하다. 하느님은 왜 잡초들에게 강인함을 주셨을까? 사람들이 게을러질까봐 그런다고 어른들께서 말씀하시더니 정말인 것 같다.

학교에 갈 시간이다. 입고 갈 옷을 고르고 얼굴에 로션을 바른다. 옷을 골라 입고 로션을 바르는 일이 어색하다. 한 번도 변변히 그렇게 해본 적이 없어서 그렇다. 농촌살림살이란 나들이 옷과 집안 옷을 구별해 입는 일과 얼굴에 화장품 바르는 일이 여의치 않다. 마음의 여유가 없었거나 시간 여유가 없었거나 취미가 없었거나 그 모두일 수도 있다.

"이젠 피부 관리에 신경 쓸 나이죠. 자외선이 피부노화의 주범이랍니다."

귀 따갑게 들어왔지만 나는 모자조차 쓰지 않고 이 나이까지 햇볕 속을 나다녔다. 아침에는 아침공기 마시며 마당을 돌아다니느라 때를 놓치고, 저녁에는 노을 구경하다가 때를 놓치고……. 동네 젊은 부인이 권하는 노화방지화장품을 사다놓고도 며칠째 펴보지도 않았다. 아침저녁 세안 후에 꼭 바르라고 1, 2, 3, 4 ,5…… 순서를 써준 화장품을 꺼낸다. 젊어진다는데 나쁠 것 있나. 이젠 학생이 되었으니 얼굴에도 신경을 써야지.

초여름 옷을 찾아 입고 샌들을 닦아 신고 가방을 어깨에 메고 집을 나선다. 학교까지는 걸어서 10분 거리, 바로 코앞이 순천대학영농교육원이다. 허리를 곧게 펴고 워킹 연습하는 모델처럼 경쾌하게 걸어간다. 이런 걸음걸이로 걷는 것 또한 얼마만인가. 아마도 태어나서 처음인 것 같다.

개울을 따라 한발 한발 걸어가는 머릿속엔 만감이 교차한다. 맨 먼저 떠오르는 것은 '감격' 이다. 노란 갓 꽃이 어우러진 개울에는 작은 물줄기가 흐르고 개울 옆 논밭에서 마을사람들이 김을 매고 있다. 김을 매다가 인기척에 고개를 들고 인사를 한다.

"차는 워째 버리고 걸어 가신다요?"

사람들은 내가 걸어가는 것이 큰일이나 난 것처럼 말한다. 언제나 자동차로 휙휙 지나치거나 바쁘게 뛰어다녔다는 말이 된다. 겨우 10분 거리의 마을길을 27년 만에 걸어보는 소감은 내가 마을의 구성원으로서 지독히 태만했다는 자각을 유발한다. 이 길을 걷기 전까지는 전혀 알 수 없었던 느낌이다. 느림이 주는 여유라고나 할까.

'허신행' 전 농림장관의 특강이 있는 날이다. 그는 우리 지역 출신이다. 이 길을 걸어 산에 가서 나무를 해다 팔고, 그 돈으로 시내의 초중고교를 다녔으며, 외국에서 공부하고 장관까지 지냈다니 마을 길이 예사롭지 않아 보인다. 불과 40여 년 전의 일인데도 호랑이 담배 먹던 시절 이야기처럼 들린다. 하긴 내가 결혼해서 왔을 때도 이 길은 비포장이었고, 버스는 한 시간 마다 다녔으며, 나무 해다 밥해 먹고 군불 때고 살았었다. 우리 마을은 지금껏 상수도가 들어오지 않으니 순천시 가운데에서도 몇 안 되는 후진마을에 속한다.

"지식사회는 가고 정각사회가 온다."는 그가 최근에 쓴 책이름이다. 이 책은 원래 "농촌이 죽어야 한국이 산다."로 하려했는데 제목만 보면 농촌을 욕하는 것 같아 국민정서상 바꾸었다고 한다. 농촌이 죽어 없어져봐야 농촌의 중요성을 알 수 있다는 내용이라는데, 전공인 농촌경제학에 '불교철학' 10년 공부가 보태어져 그의 강의는 불교색채가 강하다.

세상의 온갖 현상을 '짝꿍' 즉 음양으로 풀이한다. 남과 여, 음지와 양지, 겉과 속, 동물과 식물, 학생과 선생, 부모와 자식……. 짝꿍들은 공생공멸하는 공동운명체다. 남자가 없으면 여자도 없고, 학생이 없으면 선생도 없고…….

지나온 역사를 이런 식으로 풀이하면 수렵시대의 짝꿍은 '용맹', 농경시대의 짝꿍은 '노동력', 산업시대의 짝꿍은 '지식', 정보화시대 즉 사이버시대의 짝꿍은 '깨달음' 이라는 것이다. 사이버시대의 짝꿍이 '깨달음' 이라니 뜻밖이다.

그런데 사이버시대의 짝꿍을 잘못 선택하는 바람에 세상이 온통 우왕좌왕 난리라는 말에 귀가 솔깃해진다. 산업시대의 짝꿍인 '지식' 의 과잉으로 지식이나 학벌은 이미 파괴되어 버렸는데, 사람들은 지금도 학벌이나 지식의 환상에서 벗어나지 못하고 있다는 것이다. 그러니 언제 깨달음의 경지에 이를 수 있겠는가?

"여러분 세상에서 가장 중요한 것이 무엇이겠습니까?"

학생들은 저마다 돈, 건강, 명예, 학벌, 직장…… 별별 것들을 대답한다.

"그것보다 더 중요한 것은?"

그것보다 더 중요한 게 뭘까? 우리는 서로 얼굴을 마주보며 답을 찾아 고민한다.

"아니, 그렇게 쉬운 것도 몰라요? 답은 —숨쉬는 것— 입니다."

"숨을 쉬지 않고 3분을 견딜 수 있는 사람 나와 보세요."

결국 이 시대에 살아남기 위해서는 열심히 숨을 쉬어야 한다는 것. 사람이 숨을 쉬자면 식물이 있어야 한다. 사람이 내놓는 탄소를 식물이 취하고, 식물이 산소를 내놓지 않으면 사람이 살 수 없다. 숨을 쉬기 위해서는 먹어야 한다. 먹으려면 농사를 지어야 한다. 세계가 하나의 네트워크가 되는 사이버시대의 농사는 전자상거래로 가야한다…….

그런데 우리나라의 농업은 아직 농경시대에서 빠져나오지 못하고 있다. 농경사회와 산업사회를 거쳐 사이버시대로 옮겨가자면 뛰어야한다. 사이버시대의 깨달음이란 예수나 석가의 가르침이 아니라 '시대와 발맞추는 일' 이라는 결론이다.

늘 호흡하고 살면서도 숨쉬는 일이 결코 쉽지 않다는 깨달음과 아울러 편안히 앉아서 명사들의 강의를 듣는 영농교육원생신분이 고맙고 황송하다. 배우고 또 익히니 즐겁고 즐겁구나.

3부 들풀들의 몸짓

꽃밭에서
박새의 죽음
방촌 할아버지와 이웃집 아저씨
돼지꿈
여름 아침
마음을 심다

꽃밭에서

아직 어둑한 새벽녘에 마당으로 나왔다. 책을 뒤적거리기도 하고 텔레비전을 보면서 날이 밝기를 기다렸다가 나왔다. 얼른 마당을 둘러보고 싶었던 것이다. 꼭 누가 나를 마당으로 불러내기라도 하는 것 같다. 마당에 핀 꽃들의 정령일 게다.

아직 여명이 오기엔 이른 시간이다. 바람의 방향이 바뀌고 별빛이 희미한 것이 곧 새벽이 도착할 징조다. 나는 바람의 움직임을 알 수 있다. 우리 집 뒷산 골짜기는 굴뚝과도 같아서 아침에는 마을에서 산 위로 바람을 올려 보내고 저녁에는 산 위에서 마을로 바람을 데려온다.

아침과 저녁, 하루 두 차례 바람이 바뀌는 잠깐 동안은 무풍지대처럼 조용하다. 버드나무 잎사귀도 움직임을 멈추고 새들도 동작을 멈춘다. 지금이 그런 시간이다. 이 시간에는 지상의 온갖 냄새가 골짜기를 따라 산 위로 올라가는 바람에 공기는 청정 그 자체다.

마당은 꽃들의 속삭임으로 가득하다. 꽃들은 밤새 펌프질한 향기를 세상으로 내보낼 만반의 준비를 끝낸 얼굴이다. 꽃잎에 내려앉은 이슬은 길 떠날 채비를 시작한다. 하루 내내 떠올랐던 세상의 먼지를 가라앉히고 욕망으로 들떴던 우리들 마음도 가라앉힌다.

아침 해가 비칠 때 꽃잎에 앉은 이슬방울의 빛깔은 찬란하다. 다이아몬드도 이렇게 영롱할 수는 없다. 반짝거리는 이슬방울은 햇빛의 방향에 따라 보석이 되기도 하고 그냥 물방울이 되기도 한다. 이슬에 세수한 꽃들의 얼굴은 상큼하고 희망에 차있다.

나는 마당의 구석구석을 돌며 일일이 꽃들에게 인사한다. 오늘 새로 피어난 꽃, 며칠째 피어있는 꽃, 어제 이사 온 꽃들, 풀을 뽑아낸 자리에 옮겨 심은 꽃, 옮겨 심을 시기를 놓쳐 엉거주춤 피어있는 꽃…… 어느 것 하나 내 손을 거치지 않은 것이 없다. 씨앗을 뿌린 것과 삽목을 한 것, 더러는 얻어온 것도 있고, 선물 받은 것, 장에 갔다가 반찬 대신 사온 것들도 있다. 뒷산에서 손수 파다 심은 것과 저 혼자 날아와 싹을 틔운 것들도 있다. 이름 모르는 꽃들도 많다.

쓰러진 가지들엔 지주를 세워주고 잘못 가고 있는 박의 순을 바로 잡아준다. 어느새 아기 주먹만한 박을 달고 주변의 풀꽃들에 덩굴손을 착착 감으며 힘찬 행진을 하는 박. 심은 적도 없는 박이 마당 곳곳에 나와 하얀 박꽃을 터뜨렸다. 박은 맹렬한 기세로 뻗어나간다. 눈 깜짝할 사이에 낙지의 빨판 같은 덩굴손을 뻗쳐 주변을 장악한다. 꽃들이 얌전하게 피어있는 꽃밭에는 어울리지 않는 박이다. 뽑아버려야지, 사나흘 기회를 보고 있었는데 어느새 꽃을 피우고 박을 맺어 지금은 옮겨 심을 수도 없는 처지가 되고 말았다.

"얘, 힘없는 이웃의 숨통을 조이면 안 되잖아?"

중얼거리며 다른 꽃들의 사이로 길을 잡아준다. 박 순들은 용케도 말귀를 알아듣는 눈치다. 내가 잡아주는 길을 따라 오르락내리락 열심히 달리기를 한다. 제 자리에서 얌전하게 꽃피우는 여느 꽃들과는 달리 박 순에서는 생동감이 넘친다.

사람의 얼굴 생김새가 다르고 성격이 각각이듯이 꽃들의 생태도 제각각이다. 위로 자라는 녀석, 땅위를 기어가는 녀석, 남을 감고 크는 녀석……, 마당은 꽃들의 경연장이다.

꽃을 키우기 시작하면서부터 나는 '식물인간' 이란 말이 잘못 되었음을 알게 되었다. 혼자 움직이지 못하고 생각도 하지 못하고 숨만 붙어있는 사람을 '식물인간' 이라고 하는데 이는 식물을 모독하는 말이다. 식물은 표정도 짓고 저 살기 좋은 곳, 저 가고 싶은 곳으로 뻗어가니 생각이 없거나 움직이지 못하는 것이 아니다.

식물의 종족보존본능은 다른 동물에 뒤지지 않는다. 다른 장소에 옮겨심기를 하면 서둘러 꽃을 피우고 씨앗을 맺는다. 혼신의 힘을 다해 땅내를 맡고 꽃을 피워내는 모습은 눈물겨울 정도다. 목마른 사람이 물을 찾듯 꽃도 목말라 하고 고통스러워한다.

이 마당은 지난해까지만 해도 잡초로 뒤덮여 제초작업에 골머리를 앓던 곳이다. 한여름을 나기 위해서는 대여섯 번이나 잡초를 베어내야 한다. 여름이 오기 전에 '잡초와의 전쟁' 을 선포하고 잡초를 제거하기 위한 온갖 방법을 강구해야 한다. 처음엔 호미와 낫으로 대적하다가 마침내 예초기를 동원하고 끝내는 제초제를 뿌려 항복을 받아내던 곳이다. 칼도 창도 가지지 않은 잡초를 상대로 나는 날마다 낫을 휘두르고 생명을 죽이는 일에 골몰했던 것이다.

그 반목과 갈등의 장은 불과 한 계절 사이에 꽃밭으로 돌변하였다. 그래, 돌변하였다는 표현이 맞다. 갑자기 꽃을 심어야겠다는 생각이 들었고 그 생각은 즉시 행동으로 옮겨졌다. 사람이 다니는 곳은 돌을 깔고 남은 공간은 모두 꽃을 심었다.

지금 마당엔 봄꽃이 지고 여름 꽃이 한창이다. 세상에 겸손한 꽃, 동자꽃이 피었고(어느 시인은 세상에서 가장 겸손한 꽃이 동자꽃이라 했다), 저녁이면 열아홉 순정의 분꽃이 핀다. 화무십일홍(花無十日紅) 이라더니 백일홍이 피었고, 어떻게 넘어왔는지 백두산 두메양귀비도 피었다. 갈등과 적개심이 만연하던 마당에 화해와 평화가 만발했다.

내 소원 하나 있나니, 흉흉하던 풀밭이 변하여 향기로운 꽃밭이 되듯 내 마음의 밭도 저러하기를!

박새의 죽음

흙집의 쪽마루에 앉아 무심코 밖을 응시하노라면 늘 똑 같은 풍경 하나가 눈에 들어온다. 앞 건물의 유리창에 새 한 마리가 날아오르는 풍경이다. 새는 투명한 유리창을 의식하지 못하는지 수직의 유리벽을 하루에도 수십 수백 번 날아오르기를 계속한다. 다갈색 몸통에 깜장색 머리, 목에는 흰색 목줄을 둘렀다. 몸길이는 10센티미터쯤. 작고 예쁜 새다. 이름이 뭘까? 혹 늦은 밤과 이른 새벽 귀기(鬼氣)스럽게 울어대는 그 새일까?

마당에 날아드는 여러 종류의 새 중에서 유독 한 놈이, 매일 아침 어리석은 날갯짓을 되풀이한다. 유리창의 높이는 1미터. 주르륵 미끄러지던 새는 창틀에서 간신히 몸을 추스르고는 이내 비상을 시도한다. 미끄러지면 다시 오르고 또 미끄러지고……. 반복되는 몸짓이 마치 굴러 떨어진 바위덩이를 밀어 올리는 '시지포스'의 신화를 연상시킨다.

기진맥진한 날갯짓은 슬로비디오가 돌아가는 듯 속도가 줄어든다. 지쳐 포기할 때도 되었을 것 같은데 이 처절한 몸짓은 멈출 줄 모른다. 새는 언제부터 이짓을 시작했을까? 내가 목격한 것만 해도 벌써 여러 날 째다. 앞 못 보는 장님 새일까? 아니면 안팎을 구별하지 못하는 착시현상에 빠졌나? 말을 못 하니 안타깝고 답답하다.

저녁 무렵 부엌에서 식사준비를 하는데 바깥에서 수선스런 기척이 들린다. 밖에 나가보니 작은 새 두 마리가 바닥에 떨어져 파닥이고 있다. 아마도 부엌의 유리창에 부딪쳐 기절을 한 모양이다. 한 마리는 움직임이 멈춰버렸고, 한 마리는 간신히 파닥거리고 있다.

앞 건물의 유리창을 날아오르던 녀석은 아니다. 이 녀석들은 조금 더 작은 몸집에 색깔은 회색과 청색이다. 아마도 박새인 것 같다. 두 녀석은 이성의 짝이 아니면 친구사이인 것 같다. 아니면 모자간일지도?

참으로 난감한 일이다. 어쩌자고 녀석들은 동반투신을 했을까? 나는 녀석들의 사인(死因)을 짐작해본다. 유리창 내부의 물건들에 매료되었나? 나는 유리창에 얼굴을 대고 내부를 찬찬히 살펴본다. 그림 속의 나무등걸에 새가 날아들었다는 옛 이야기는 들었지만, 보이는 것이라곤 때 묻은 부엌살림 몇 점이 있을 뿐이다.

혹시 나르시시즘에 빠졌거나 아니면 단순한 사고사(事故死)인지도 모른다. 치명상을 입고 떨어진 두 마리의 새를 조용한 곳에 데려다 놓았다. 아직 숨이 붙어있는 한 마리는 깨어날지도 모른다는 기대감을 안고.

다음 날 아침 새의 안부가 궁금해서 가보았더니 한 마리는 보이지 않고 한 마리는 죽은 채 그 자리에 있다. 사라진 한 마리는 살아서 날아갔을까? 아니면 '들고양이'의 밥이 되었을까? 나는 형사 콜롬보처럼 추리에 추리를 거듭한다.

오늘도 앞 건물의 그 새는 유리벽에서 추락과 비상을 반복한다. 한 30분쯤 그 짓을 계속하다가 어디론가 사라진다. 앞 건물은 우리 농장의 사무실이다. 나는 사무실 유리창을 유심히 살펴보았다. 창틀엔 새의 배설물이 덕지덕지 말라붙어, 날아오르던 순간의 힘겨움을 대변해주고 있다. 왜? 무엇 때문에 새는 안간힘을 다해 오르려고 했을까? 무엇이 그를 그토록 포기할 수 없게 만들었을까?

나는 새의 눈이 되어 유리창을 오르내리며 꼼꼼히 살펴보았다. 그렇다면 혹시 이것 때문이었을까? 거기 유리창 속에는 내 눈을 의심할 만큼 신기루 같은 절경이 펼쳐져 있었다. 나는 넋을 잃고 유리창을 들여다보았다. 수려한 은행나무와 멋지게 뻗어나간 감나무, 옹기종기 모여 앉은 장독대, 앞집의 대숲, 푸른 하늘, 그 하늘에 떠있는 구름 몇 조각, 마당의 온갖 풍경들이 실물보다 아름다운 모습으로 펼쳐져 있었다. 그 유리창은 안에서는 바깥이 보이지만 밖에서는 내부가 보이지 않는 반사유리였던 것이다.

새는 유리창 속의 경치에 매혹되었을까? 다른 새들이 실재하는 나뭇가지에 앉아 즐겁게 지저귀며 먹이를 구하고 짝을 찾을 때 왜 그는 한사코 앉을 수 없는 나뭇가지를 고집하는 것일까? 이상주의자 새? 새에게도 꿈이 있는 것일까?

새는 어디서 어떻게 죽을까? 늘 그것이 궁금했는데 마당의 꽃나무

사이엔 새의 시체들이 간혹 보이고 창 아래에 떨어져서 죽는 새도 있다. 새의 주검은 며칠 비바람에 너덜거리다가 곧 해체되어 흙으로 돌아간다. 풍장이다. 누구의 애달파하는 울음도 없고 조문객도 없이 온전히 자연으로 돌아간다.

나도 저 새들처럼 홀가분하게 사라질 수 있을까? 지금 반사유리창 속에는 달맞이꽃과 목백일홍이 하늘거리고 그 위를 가을비가 내리고 있다. 매혹적이다.

방촌 할아버지와 이웃집 아저씨

바람이 불면 처마 끝의 작은 풍경이 댕그랑 댕그랑…… 바람의 흔적을 전할뿐, 간간이 아기돼지 울음소리만이 들려오는 '보연당(나의 거처)' 에도 뜨거운 선거바람이 불어 닥쳤다. 남편이 축협조합장 4선에 도전하게 된 것이다. 4선도전이라니! 아무리 명분이 그럴듯하다 해도 장기집권은 바람직하지 않다.

물러날 때를 아는 것이 인간의 도리다. 한 자리를 자그마치 12년이나 지켰으니 지금이 곧 물러날 때가 아닌가. 아니, 때늦은 감이 있다. 물러나서 이제는 자신의 사업을 돌보며 인생을 정리할 나이다. 이렇게 뜻을 굳히고서 퇴진의사를 발표하고……, 그랬던 것이 엊그젠데 어찌 어찌 소신을 번복하고 급기야 출마선언을 하기에 이르렀다.

출마를 결심하기 직전의 상황은 12년 전과 꼭 같았다. 나이 드신 임원들이 찾아와서 밤늦은 시각까지 '출마수락' 을 종용했다. 수락을 해야 하는 사람이 입후보 당사자가 아니라 그의 아내 되는 '나' 라는 게 뜻밖이었다. 12년 전에는 어른들이 살아 계셨으므로 수락은 어른들의 몫이었고 나야 들러리에 지나지 않았는데 이번에는 전적으로 내 차지가 되었다. 애초에 물러날 것을 강력하게 권유했던 나로서는 여러모로 심정이 착잡했다.

축산업을 하는 조합원의 입장에서는 조합장이 누가 되느냐가 대단히 중요한 문제일 것이며, 조합장 본인에게는 그의 가정과 사업장 그리고 자신의 인생이 걸린 문제니 중요하고, 그것을 결정 내려야하는 나의 책임 또한 막중할 수밖에 없는 것이다.

나쁜 일도 아닌 좋은 일에 나서달라는 청을 받는 것은 대단히 영광스럽고 보람된 일이니 마냥 거절하는 것도 찾아온 사람에 대한 예우가 아닐 듯하여 이쯤에서 번복이 이루어졌던 것이다. 이번에야말로 '마지막 봉사' 라는 두서없는 말로 '입후보수락연설' 비슷한 것을 했다.

야밤에 안방으로 찾아온 이들 앞에서 수락연설을 하는 나의 심정은 영광스러우면서 동시에 씁쓸하고 착잡했다. 솔직히 말하자면 '남편포기각서' 를 쓰는 심정과도 같은 것이었다. 조합장이 된다는 것은 가정을 포기하는 일이며 모든 재산과 명예를 담보하는 무한책임의 부담감을 안는 자리임을 알기 때문이다.

가장이 가정에 소홀한 것쯤에야 나는 웬만큼 적응이 잘 돼있는 편이다. 결혼 이후로 줄곧 사회활동이 본업이었던 남편에게서 일찌감치 '홀로서기' 훈련을 해두었던 터이다. 황씨 가문에 발 들여놓은 지 어언 30년, 아내 된 사람으로서 남편한테서 가장 많이 들었던 말은 '모른다.' 라는 말이다. 남편은 가스렌지를 켤 줄도 모르고, 보일러를 켤 줄도 모른다. 부엌에서 국이 끓는지 장이 끓는지도 모르고, 마당이 풀밭인지 쑥밭인지도 모르며, 천장에서 비가 새는지 전기가 새는지도 모른다. 자기 아내의 나이도 모르고 아마 자신의 나이도 모를지도 모른다.

모르는 게 너무 많은 남편에게 나는 '이웃집 아저씨' 라는 별명을 지어주었다. 이웃집 아저씨, 내가 지어놓고 봐도 참 잘 어울리는 별명이었다. 이웃집 아저씨가 밤낮 없이 출장을 다닌다고 뭐 그리 서운할 일이며, 이웃집 아저씨가 내 생일을 모른다고 해서 무슨 트집거리가 되겠는가.

그럼 도대체 아는 게 뭐냐고 물었더니 '축협(畜協)' 이라고 대답해서 마지못해 웃었다. '축' 의 한자풀이는 밭을 기름지게 한다는 뜻이고, '협' 의 한자풀이는 사람들이 힘을 합한다는 뜻이라는 것이다. 지난 해였나. 순천축협이 전국최우수조합이라고 신문에 대문짝만하게 나왔던 걸 보면 축협을 알긴 아는 모양이다.

다만 안사람으로서 걱정이 있다면, 임기 중에 수감되거나 불명예제대한 전임조합장들의 행적이 보여주듯 잘 해야 본전이니 결코 만만하게 보아 넘길 자리가 아닌 까닭이다.

어렵게 입후보수락을 했지만 갈 길은 첩첩산중이다. 이미 경쟁자가 출마선언을 한 상황이어서 선거를 치르는 일이 불가피하게 되었다. 후보등록만 하면 뒷일은 임원들이 알아서 하겠다는 언약이 있었지만 그렇다고 먼 산 불구경하듯 손놓고 앉아 있을 수만은 없는 일이다. 선거란 나선 이상 이겨야 하고 뚜껑을 열어보지 않는 한 그 누구도 결과를 장담할 수 없는 것이다.

사양하고 번복하고 어영부영 머뭇거리는 사이 선거일은 1주일 앞으로 다가와 있었다. 나는 이번 선거에서 내가 할 일이 무엇인지 생각해 보았다. 평소에 일면식도 없는 사람이 어느 날 불쑥 전화를 걸어 '한 표 부탁한다.' 거나 음료수나 금일봉을 들고 누구네 안사람입네 하고 가가호호 방문하는 일은 애초에 생각해보지 않았다.

우선 경비를 아껴야 한다는 일념에 우리 집을 선거사무실로 정하고 차 끓이기와 식사준비 등등 주방장의 소임을 맡기로 했다. 선거운동원들 재우고 먹이는 비용이 많이 든다는 이야기를 들었기 때문이다.

마침 선거총책은 남편의 고등학교 때 짝꿍이어서 선거사무실의 분위기는 시종일관 우정어린 화제들로 웃음꽃이 끊이질 않았다. 평소에 남편친구들과 대면할 기회가 없었던 나로서는 잠깐이나마 사나이들의 우정을 엿볼 수 있는 좋은 기회가 되어주었다.

또 현장에서 올라오는 따끈따끈한 선거전의 뒷얘기를 얻어듣는 재미도 톡톡했다. 예전에는 선거운동원들이 고무신이나 빨래비누, 수건 등을 들고 가가호호 방문하던 일을 지금은 앉은자리에서 휴대전화로 소통하고 문자메시지를 이용하니 분초를 다투는 뉴스들이 실시간으로 전달된다.

나의 주방장 소임은 평소에 남편에게 진 빚을 갚는 절호의 기회가 되어주었다. 생각해보면 나 역시 남편에게 알게 모르게 진 빚이 많을 것이다. 모래알 같이 많고 많은 사람 중에 어쩌다 부부로 만나 긴 세월 지지고 볶으며 쓴 소리 매운 소리, 복장 터지는 일도 많았을 것이다. 이번 기회에 부지런히 밥하고 차 끓여 바치며 그 빚 갚으려는 것이다.

그 빚 다 갚지 못 하면 다음 생에 또 부부로 만난다지 않는가. 일이 늘어나서 고생스럽다기보다 나는 축제를 치르는 기분으로 밥상을 차리고 차를 끓였다. 변변찮은 음식솜씨는 내 갸륵한 정성으로 채워지리라 위로를 하면서.

내가 진심에서 우러나 희희낙락 차를 끓이고 설거지를 하고 시장을 봐 나르자 남편은 "각시가 선거에 재미 붙였나?" 하고 의아한 표정을 지었다. 재미 붙일 일이 따로 있지, 난 선거 같은 데는 절대 나서지 말라고 자식한테 유언을 남길 참이다.

'민주주의의 꽃' 이라는 선거는 꽃이 아니라 '진창 속의 격투' 라는 말이 어울릴 것 같다. 돈과 시간, 비방과 음해, 파벌조장 등등…… 온갖 물질과 정신들이 부정적인 방향으로 동원되는 악행이며 소모전일 뿐이다. 선거란 '삼대족보를 판다' 는 말이 있다. 산사람을 절단내는 것으로 모자라 지하에 묻힌 조상이나 사돈네 팔촌까지 파헤쳐 욕 먹이는 진탕이다. 그런 진창 속을 한 번도 모자라 두 번씩이나(두 번은 추대됐으니) 빠져드는 것이 무슨 '업보' 처럼 생각되었다.

투표일이 가까워지면서 드디어 아군진영에도 선거자금을 요청하는 '건의' 가 올라왔다.

"실탄 없이 어떻게 총을 쏘라는 겁니까?"

"윤활유 없이 차가 움직일 수 있나요?"

실탄이나 윤활유는 선거 판에서 '돈' 을 지칭하는 '은어' 임을 나는 눈치로 알게 되었다. '조합을 살려야한다' 던 핵심멤버가 돈을 미끼로 이반(離反)을 도모하고 있는 모양이다. '네 아무리 개뿔 난 재주를 지녔어도 돈 없이 어떻게 선거를 하겠다는 거냐? 떨어져 망신당하기 전에 돈 보따리를 풀어라…….' 이런 목조르기 수법임이 뻔하다.

목마른 놈이 샘 판다고 다급한 김에 덥석 돈의 힘을 빌렸다가는 12년 공든 탑이 무너진다. 조합장 자리를 포기하더라도 돈으로 표를 사는 일은 없어야지. 돈 보따리를 푸는 대신 돈을 요구하는 사람을 자르는 게 옳을 텐데! 어차피 이번 선거는 12년 업적을 평가받는 심판대인 만큼 끝까지 깨끗하게 밀고 나가야지. 돈은 눈이 있어서 가야할 곳, 가지 말아야할 곳을 아는 영물이라. 수많은 식구들이 불철주야 고생해서 번 돈이다. 돈을 함부로 쓰는 것은 돼지를 모독하는 일이며 농장에서 수고하는 직원들을 모독하는 일이며 동시에 돈을 모독하는 일이다……. 나는 나서서 큰소리로 딱딱거리지는 못하고 투명인간처럼 혼자 중얼거리며 속앓이를 했다.

투표일 전날 저녁, 선거사무실의 해단식을 가졌다. 그동안 수고했던 분들이 모여 나름대로 예상결과를 분석하고, 서로의 노고를 치하하고, 좋은 결과 있기를 바라며 덕담을 나누었다. '무에서 유를 창조한다.', '의리 빼면 시체' 라는 해병대후배는 '합격 엿' 과 케이크를 사와 전야제의 분위기는 절정을 이루었다. 결과에 연연하지 않고 밥이며 차며 인사치레며 듬뿍듬뿍 퍼주었던 주방장의 소임이 끝난다니 왠지 조금 시원섭섭했다.

투표 당일 새벽, 남편은 시할머니와 시부모님 영전에 향불 피워 절하고 집을 나섰다. 시할머니는 생전에 맏손자에게 '방촌할아버지'의 이야기를 자장가처럼 들려주셨던 분이다. 할머니 돌아가신 뒤에는 시아버님께서 방촌할아버지의 이야기를 이어 받으셨다. 나도 결혼 후에 시아버님으로부터 방촌할아버지의 이야기를 자주 들었다. '방촌' 은 황희 정승의 '호' 이며, 황희 정승은 장수황씨의 시조다. 평생을 관직에 있으면서 원만한 인품과 청렴으로 모든 백성들의 존경을 받았으며 특히 세종의 신임 받는 재상으로 명성이 높았다고 한다.

시아버님께서는 가족들이 밥상 앞에 앉는 시간이면 아예 5~10분씩 훈계의 시간을 가졌는데 '정직한 사람이 되어라. 근검절약하여라. 부모님께 효도하라.' 는 등의 훈계 끝에 으레 방촌할아버지의 이야기가 따라 붙곤 했다.

"얘들아, 너희 방촌할아버지께서는 소낙비가 쏟아져서 멍석의 곡식들이 떠내려가는데도 책에서 눈을 떼지 않았단다. 너그들도 방촌할아버지처럼 공부 좀 해봐라 와……"

한번 시작하면 시간 가는 줄 모르고 꼬리에 꼬리를 무는 이야기 때문에 식어버린 찌개냄비를 두세 번씩 다시 데워 날라야 했던 게 엊그제 일 같다.

나는 방촌할아버지의 이야기를 들을 때마다 궁금한 것이 따로 있었다. 방촌할머니는 당신의 남편을 어떻게 생각했을까? 소낙비에 다지은 곡식이 떠내려가도 나 몰라라 글 읽기에 열중했던 재상 남편 덕분에 방촌할머니의 고초는 남달랐을 것이다.

아침 열 시에 투표장으로 갔다. 투표장 분위기는 아직 썰렁했다. 유권자들이 천 명 가량인데 대부분이 농축산을 하고 있으므로 소젖도 짜야 하고, 돼지 사료 주고, 축사 청소 끝내고 나오려면 점심 때는 지나야 할 것이다.

상대후보는 부부가 나란히 서서 유권자들에게 허리 굽혀 인사를 하고 있었다. 나는 그들한테 가서 "안녕하세요? 수고 많으십니다." 라고 인사하고는 재빨리 집으로 돌아왔다. 어제 호형호제하던 사이가 오늘은 표 싸움의 경쟁을 하고 있는 것이 보기에도 민망하고 어색했던 것이다.

집에 오는 길로 창문을 활짝 열어놓고 집안청소를 했다. 집안 구석구석 밴 담배냄새와 전화선을 타고 오갔을 나쁜 말, 나쁜 생각들을 털어내고 맑은 공기를 맞아들였다.

땡! 투표 종료시간이 끝나기 무섭게 당선여부를 알아보려는 친지들의 전화가 빗발쳤다. 개중에는 '안사람의 내조가 당락을 결정하는데, 안사람이 손을 잡아주면 투표소 들어가는 동안에 마음이 바뀐다는데 ……' 어쩌자고 남편을 홀아비처럼 혼자 내버려뒀냐고 호통 치는 전화도 있었다. 대답이 궁색해진 나는 '안사람의 내조란 집 잘 보는 것 아닙니까. 안팎으로 나서면 돼지는 누가 키워요?' 하고 퉁명스럽게 대꾸해줬다. 떵떵 큰소리치긴 했지만 잘못 되는 날엔 '마누라 탓' 이라고 원망 들을까봐 투표장에 나가서 고분고분 손이라도 잡아줄 걸 그랬나? 약간 고민되기는 했다.

다행히 남편은 당분간 '이웃집 아저씨' 노릇을 더 해야 될 것 같다. 나야 소낙비에 떠내려갈 곡식 대신 진사난골(우리농장 골짜기 이름)에 쩌렁쩌렁 돈(豚)소리 울려 퍼지니 방촌할머니보다야 천 배 만 배 다행스러운 처지가 아니냐.

이왕 내친걸음, 부디 방촌할아버지의 인품을 본받아 임기를 무사히 마쳐주기만을 바랄 뿐이다.

돼지꿈

모든 것은 미운 눈으로 보면 밉게 보이고 고운 눈으로 보면 한없이 곱게 보이게 마련인가. 직업 탓인지 몰라도 돼지에 관한 한 내 눈에는 예쁜 짓만 보인다. 돼지라면 뭐든지 좋다보니 멱딴다는 울음소리도 우렁차게 들리고 그 냄새 또한 그슬리는 일이 없다.

친정엄마처럼 분만을 돕고 청소를 해주다가 나도 모르게 쓴웃음 지을 때가 있다. 돼지를 보듯이 사람들을 바라봄에 있어 그 좋은 점만 보는지, 이런 마음으로 사람을 사랑하고 있기나 한지 때로 내 자신이 의문스러워진다.

돼지의 여러 예쁜 점 중에서도 우선 무욕(無慾)의 경지가 돋보인다. 제 배가 차면 그뿐 남의 것을 넘보지 않는다. 온갖 불행의 시초는 더 가지려는 데서 비롯되지 아니하던가.

다음 그 정직성이 돋보인다. 먹은 만큼 자라고 사랑받은 만큼 돌려준다. 거짓을 모르는 놈들이다. 재주를 부리거나 꼬리를 치지 않는다. 생긴 대로의 투박함을 조금도 부끄러워하지 않으며, 지극한 모성으로 나를 감복시킬 때가 있다.

이런 돼지가 사람들에게서 웃음거리가 될 때 나는 속이 상한다. 돼지의 추한 생김새가 웃음거리가 되고 미련스런 행동거지가 천대를 받는다. 돼지 값이 뚝 떨어질 때는 기분이 말이 아니다. 내가 세상으로부터 조롱받거나 멸시당하는 기분이다.

글속에서도 '돼지 같이 미련한 놈아……' 등의 구절을 대하면 괜스레 열이 오른다. '배부른 돼지가 되느니 가난한 소크라테스가 되겠다.' 는 말을 사람들은 즐겨 쓴다. 한 마디로 '밥통(胃)보다는 머리(思考)를!' 이다. 돼지에 대한 지독한 야유며 힐난의 경구라고 하겠다. 돼지가 말을 한다면 하고 싶은 말이 태산을 이룰 것 같다. 맨 처음 그는 '너 자신을 알라' 는 소크라테스의 추종자들을 향해 말문을 열지 않을까.

이런 천대꾸러기가 삼삼한 대접을 받을 때가 있다. '삶은 돼지머리' 나 '돼지꿈' 이 그것이다. 새로운 사업을 도모하거나 큰일을 계획할 때 사람들은 돼지머리를 찾는다. 하늘을 찌를 듯한 고층건물의 준공식에, 상량식에, 또는 고사상의 가운데 자리를 차지하는 것은 돼지머리다. 삶은 돼지머리는 고액권 지폐를 잔뜩 물고 높은 사람들의 절을 받고 있다.

연전에 미국의 항공우주국에서 '무궁화' 호를 쏘아 올릴 때도 돼지머리 사다놓고 절을 했다는 기사를 보았다. 미국에는 돼지머리를 팔지 않아서 바비큐용 통돼지를 구해다 놓고 절을 했다고 한다. 인공위성 무궁화 1호가 실패했던 것이 돼지머리고사를 지내지 않아서 그랬

다는 후문이 떠돌았다고 한다.

삶은 돼지의 입에는 천원 권은 상납하지 않는다. '돼지같이 미련한 놈아' 하고 깔보던 사람들도 그저 처분만 바란다는 듯 절을 해댄다. 더럽다고 퉤퉤 침을 뱉던 사람들도 주저하지 않고 무릎을 꿇는다. 욕심꾸러기라고 욕하던 사람들도 복달라고 손을 비빈다.

복 받으려면 돼지머리 앞에 절하는 수밖에 없다는 태도다. 아무도 소크라테스 앞에서 그런 소원을 빌지 않는 게 이상하다. 껍데기 하나에 수백 수천만 원을 호가하는 밍크나, 물방울 다이아몬드가 아닌 것이 이상스럽다. 평소에 얕잡아보던 오만함은 어디 가고 무사안일, 만사형통을 빌고 빈다.

그렇게 봐서 그런지 돼지머리는 복이 있는 곳을 알고 있다는 듯 빙긋이 웃고 있다. 인간의 길흉화복(吉凶禍福)을 점치는 열쇠를 감추어놓은 듯 알쏭달쏭한 웃음이다. 돼지머리 앞에서 넙죽넙죽 절하는 사람을 보면 기분이 좋다. 우리 집에 지천으로 있는 돼지가 좋은 대접을 받아서 그렇다. 돼지는 한 번 절을 하거나 꿈속에서 슬쩍 스치기만 해도 복이 굴러들 것 같은 기대감을 준다. 그래서 돼지꿈을 꾼 사람들은 복권을 사거나 횡재수를 기대한다.

나도 일이 잘 풀리지 않거나 걱정거리가 생기면 돼지꿈을 꾸고 싶다. 돼지 값이 떨어져 죽을 쑤고 있을 때는 그 놈의 꿈이 더욱 간절해진다. 밤낮으로 수많은 돼지 속에 묻혀 사니까 꿈에 자주 보일 것 같은데, 그래서 제 놈 때문에 진 빚이 복권 한 장으로 뚝딱 넘어갈 것 같은데 영 나타나 주질 않는다. 30년 돼지를 키우면서도 돼지꿈은 꼭 한 번 꾸었다.

꿈 자랑을 하면 복이 달아난다고 하지만 받을 복을 충분히 받았기에 나는 꿈 자랑이 하고 싶다. 어느 해 첫날 나는 그 꿈을 꾸었다. 더러운 웅덩이에 새끼돼지 열 마리가 빠져 질식해 있었다. 귀한 순종들이었다. 꿈속에서 그놈들에게 인공호흡을 했다.

나는 인공호흡의 기술을 알고 있다. 태어날 때 어미배속에서 질식해 나오는 놈들에게 인공호흡을 해준다. 깨끗한 천을 코에 씌우고 사람에게 하듯 숨을 불어넣었다. 처치가 끝났을 때 열 마리의 새끼돼지들은 거짓말 같이 생기를 찾고 깨어났다.

그 해에 굴러든 행운은 이루 다 윌 수가 없을 정도였다. 그건 바로 칠거지악의 위기에서 나를 구해준 태몽이었다. 숙원이던 전화가 개통되고 자동차를 구입하고 돼지 값이 급등하여 사채를 정리하고…….

나는 요즘 돼지꿈을 한 번만 더 꾸고 싶다. 제2의 IMF로 너나없이 기진맥진해있는 때에 묘책은 돼지꿈을 꾸는 일이 아닐까. 아니면 돼지머리 하나 삶아놓고 꾸벅꾸벅 절을 해대고 싶다. 그놈이라면 늘어나는 청년실업자 구제쯤이야 단번에 해결할 수 있는 신통력이 있을 법한데……. 하지만 놈은 좀처럼 꿈에 보이지 않는다. 내 정성이 부족한 탓인지?

여름 아침

봄은 저녁, 여름은 아침이라는 말이 있다. 여름 아침은 일찍부터 시작된다. 부지런한 이웃집 아저씨가 경운기를 몰고 밭으로 간지 한참 후에야 동녘이 밝아오기 시작한다. 여름 아침은 봄날의 저녁처럼 서서히 열린다. 느림을 즐기는 명상가의 발걸음처럼 느릿느릿 걸어온다. 아침의 공기는 삽상하고 성가신 모기들은 아직 잠에서 깨어나지 않았다. 저녁나절의 후끈거림도 없고 모기떼의 극성이 없으니 바깥에서 돌아다니기에 알맞은 시간이다.

어제 저녁 해질녘에는 내 키만큼 자란 망초를 뽑다가 모기들의 집중공격을 받았다. '모기 앞에서 칼 뺀다' 는 말이 생각나서 혼자 씁쓸하게 웃었다. 정말 칼이라도 뽑아 휘두르고 싶을 만큼 아팠다. 모기들은 소리 소문 없이 다가와 피를 뽑아먹고는 불자동차처럼 앵앵 소리를 내지르면서 달아난다.

이 흡혈귀들은 여름의 저녁시간을 차분히 만끽할 여유를 허락하지 않는다. 노을을 감상할 여유나 별이 빛나는 밤의 낭만은 무슨 호강에 초친 소리냐. 피 한 방울이라도 헌납당하지 않으려면 서둘러 저녁을 먹고 모기장 속으로 피신해야 한다. 모기장 속에 갇혀서 어느 시인의 '모기장' 이라는 시를 생각하며 웃음 짓는다. 모기들을 가두어야할 모기장 속엔 사람이 갇혀있고 모기들은 모기장 밖에서 활개치고…….

새벽에 일어나자마자 엊저녁 뽑다만 망초를 다시 뽑기 시작한다. 보이는 대로 뽑아내지 않으면 집안이 온통 망초 밭이 될 판국이다. 요즘은 씨앗을 맺는 시기라서 열일을 제쳐두고 잡초를 뽑아 내야 한다. 잡초는 번식력과 생명력이 참으로 뛰어나다.

어제는 영농교육원에서 잡초에 대해서 배웠다. 인간에게 결혼이 '인륜지 대사' 듯이 잡초에겐 번식이 '잡초지 대사' 라고 한다. 잡초가 자손을 번식하는 방법에는 성적인 관계를 맺어 자손을 생산하는 〈유성생식〉과 성적인 관계를 맺지 않고도 자손을 생산하는 〈무성생식〉이 있다. '유성생식' 하는 잡초들은, 주변 환경이 풍요로울 때는 주위에 있는 잡초와 성적인 관계를 맺지만 주변 환경이 극도로 나쁠 땐 자기 자신과 성적인 관계를 맺는다고 한다. 자기 자신과 성관계를 하고 혼자서 새끼를 치다니! 이런 맹랑한 족속이 세상에 또 있을까.

바람, 물, 동물, 인간을 이용하여 자손을 퍼뜨리며 한번 교잡하면 수천수만 개의 종자를 맺는다니 잡초와의 전쟁은 애초에 포기하는 것이 현명하지 않을까. 전쟁보다는 화해나 공존의 방법을 찾는 것이 빠를지도 모르겠다. 자위행위로도 생명을 잉태할 수 있다니(!) 번식에 관한 한 인간이 잡초를 따라잡을 수는 없을 것 같다.

여름날 절반의 시간을 잡초와 씨름하다 보니 잡초를 대하는 나의 시각도 많이 달라졌다. 잡초라고 절대 만만히 볼 상대는 아닌 것이다. '잡초학'을 전공하여 농수산부장관에 오른 분도 있고, 이래저래 '연구해볼' 가치가 있는 상대임이 분명하다. 요즘 속속 밝혀지고 있는 유전자지도에서 보듯이 잡초와 인간의 유전자 차이는 불과 1만 개에 지나지 않는다고 한다. 이 땅의 주인은 인간이 아니라 잡초였다는 주장에 공감이 가는 대목이다.

그러나 이 녀석들의 왕성한 성장도 '처서'가 지나면 수그러지고 만다. 더위가 물러가는 처서를 기점으로 잡초의 성장은 한풀 꺾인다. 그래서 나는 24절기 중에서도 처서가 제일 기다려진다.

그렇다고 손놓고 앉아서 어서 가을이 오기만을 기다리고 있을 수는 없는 노릇이다. 잡초들과 친해지는 묘안을 찾아내야 한다. 잡초가 뿌리내릴 틈을 주지 않고 꽃을 심는 것이 한 방법이 되지 않을까. 솎아서 쓰레기더미에 내다버린 봉숭아포기들을 주워와 풀을 뽑아낸 곳에 다시 심는다.

풀 뽑기를 끝내고 아침마다 회진하는 의사처럼 마당을 일주한다. 앞뒤마당이 온통 나비들의 춤사위로 가득하다. 꽃잎 속에 더듬이를 깊숙이 꽂고 동작을 멈추었던 나비는 한참 만에 만족스런 몸짓으로 날아오른다.

새 중에 부지런한 새는 종다리다. 여명이 시작되기 전부터 종다리는 하늘에서 우짖는다. 나무도 없고 꽃도 없는 허공에서 울어댄다.

일 나갔던 이웃집 아저씨의 경운기소리가 돌아온다. 아침식사를 하러 오는 길인가보다.

'봄 저녁 한 시간은 천 냥에 값하나니……' 라고 읊었던 중국시인이 생각난다. 여름 아침 한 시간은 만 냥에 버금가지 않을까.

밤에서 아침으로 변화하는 새벽은 마치 겨울에서 깨어나는 봄과 같아 그 세력이 대단하다고 한다. 이유 없이 여기저기 아픈 사람은 새벽에 조용히 깨어있는 것만으로 치병의 효과가 있다 한다. 여름의 아침을 잃어버린 사람은 하루를 잃은 사람이며 삶의 진수를 잃어버린 사람이다.

마음을 심다

연 이틀 계속되던 봄 속의 가을날씨는 하룻밤과 하루 낮 비를 뿌렸다. 봄 가뭄으로 50여 군데나 난 산불을 모두 끄고 식목일에 맞추어 내려주니 반가움이란 비할 데 없다.

텔레비전이나 신문에서는 식목일행사를 대대적으로 다루고 있다. 나는 식목일보다 앞선 2~3월에 묘목을 모두 심었으므로 식목일에는 파종해두었던 씨앗들을 모종하며 보냈다.

마당을 손수 가꾸면서 터득한 것은 4월 5일은 나무심기엔 늦은 시기라는 점이다. 음력설을 지나면 나무는 되도록 빨리 심을수록 좋다니까 식목일을 한달쯤 앞당겨도 무방할 듯하다. 식수하기엔 4월 5일보다는 2~3월이 좋고 2~3월보다는 전해 11월쯤이 더 유리할 것 같다. 11월에 심으면 다음해 봄에 꽃이 피고 열매를 맺지만 2~3월에 심으면 꽃이 피지 않고 잎만 나온다. 결실이 한해 늦어지는 셈이다. 나무도 나이 먹는 것을 아는가보다.

모종상자에서 비 오기만을 기다리던 홍화와 백일홍, 허브를 모종하고 옥수수를 심었다. 향이 강한 허브는 사람들의 왕래가 잦은 사무실 옆에다 밭 하나를 전용으로 마련했다. 바람이 불면 제 몸을 부대껴 향을 뿜어내니 사람들이 많이 다니는 곳이 제격이다. 농장에서 나는 돼지냄새를 향기로 바꾸어주니까 일석이조의 효과가 있다.

원래 허브는 병충해 방제용으로 개발된 식물이라고 한다. 향이 강해 식물의 사이사이에 심으면 진딧물이나 다른 벌레가 생기지 않는다니까 여러모로 유익한 식물이다. 허브에 대한 관심은 우연히 선물받은 허브화분에서 출발했는데 마침내 허브 밭을 만드는 데까지 발전하였다. 허브의 왕성한 번식력과 흙의 포용력에 새삼 놀랄 뿐이다.

옥수수 씨앗은 밭의 한가운데 경사진 곳에 심는다. 씨앗을 한꺼번에 심지 않고 보름 간격으로 심으면 가을까지 따먹을 수 있다하여 우선 절반을 심었다. 이 옥수수는 제천의 선생님 댁에서 얻어온 것이다. 마흔 중반에 만난 여고시절의 선생님한테서 씨앗도 얻어다 심고 이런저런 농사정보도 나누고 왕래를 유지하는 것이 또 다른 즐거움 중의 하나다.

일전에 전화하면서 "옥수수는 언제 심어요?" 했더니 "거긴 남쪽이니까 4월 초순에 심어야지." 하고 대답해주셨다. 그 대답을 들으면서 한번 선생님은 영원한 선생님이시네, 하고 혼자 웃었다. 연륜 깊은 사제지간은 가히 부모자식이나 진배없다는 말이 거짓이 아니다.

홍화씨앗은 갱년기 골다공증에 좋다하여 볶은 가루를 사면서 한 주먹 얻은 것이다. 꽃이 예쁘기도 하려니와 이슬 맞은 꽃은 차로도 일품이라니 기대가 크다. 잘 가꾸어서 꽃도 보고 꽃과 열매로 차를 만들 수 있었으면 좋겠다.

아침저녁 눈 맞추며 물을 주고 환기 시켜주고 잡초를 뽑아주던 모종들을 넓은 마당으로 옮겨 심고 나니 대학기숙사로 처음 아이들 떠나보내던 때처럼 시원섭섭하다. 넓은 세상으로 떠나는 어린 싹들의 장도를 축하하듯 봄비는 종일 흡족하게 내린다.

서울로 유학 간 아이들은 주말에 잠시라도 빨리 집에 오려고 심야버스를 탄다고 했다.

"아들입니다."

드르륵 문 열리는 소리, 곧이어 들리는 아들의 목소리. 밤새 버스를 타고 왔으니 어서 자고 늦은 아침에 보자고 나는 잠결에 대답한다.

조금 후에 또 문이 열리더니 "어무이, 지 왔심더." 하는 딸의 목소리가 들린다. 어미에 대한 친근함의 표시일 게 분명한 딸의 경상도사투리는 '어무이'의 '무'에다 억양을 넣는 바람에 어색하고 낯설게 들린다. 원래 경상도발음은 '어'에 억양이 들어가는데 말이다. 그래도 꼬박꼬박 서툰 사투리로 대꾸하니 우습고 기특하다.

잠결에 또 '한숨 자고 아침에 보자' 했다가 밤새 달려온 아이들을 내다보지도 않다니 이런 무정한 어미가 있나하고는 얼른 문을 열어본다.

"지는 예, 어무이 옆에서 잘라꼬 왔심더."

딸은 부스럭거리며 이불 속으로 기어든다. 딸이 먹고 싶은 음식 1위는 삼겹살이라고 한다. 아버지와 아들이 각각 외식을 나간 사이에 모녀는 겨우내 마당에서 추위를 이겨낸 제일 싱싱하고 잘 생긴 상추를 뽑아 삼겹살을 싸서 먹는다.

나는 딸에게 붉은 새순이 돋아나는 포도나무도 보여주고 양귀비꽃도 보여주고 함께 이웃 밭에서 제비꽃을 한대야 퍼와 마당에다 심는다. 딸은 매발톱, 개구리발톱, 자산홍……. 마당의 구석구석을 사진 찍고 다니다가 나에게도 포즈를 요구한다.

자신의 스물 세살 봄날의 기념사진인가? 마당을 사진 찍고 다니는 딸의 동작은 꽃밭을 사뿐사뿐 날아다니는 나비 같다. 아니, 마당에서 제일 싱싱하고 예쁜 살아있는 꽃이다.

"이 집에 사신 지는 몇 년이지요?"

"30년."

"여기서 사는 일, 지루하지 않으세요?"

딸은 마치 취재기자처럼 아니면 취조형사처럼 이것저것 질문을 해댄다. 예전에 식구가 많고 일이 많을 때는 무척 힘들었지. 매일 밥 먹는 식구가 스무 명이 넘었던 적도 있으니까. 그땐 육체적인 휴식도 없었고 정신적 여유도 없었고 먹기 위해 사는 동물처럼 일하고 먹고 잠자는 생활의 반복이었다.

그런데 지금은 충분히 휴식하고 내가 하고 싶은 일을 하니 기분 좋아. 적당한 소일거리가 있다는 게 얼마나 다행인지 몰라. 똑 같은 일인데도 '해야 하는 일'과 '하고 싶어서 하는 일'은 이렇게 차이가 있나보다. 씨앗을 뿌리고 묘목을 사다 심고 풀을 맬 마당이 없었어봐라, 난 무얼 하며 시간을 보내고 있을까. 마당은 나의 구세주야.

그리고 내 손자들이(몇 년 후가 될지 모르면서도 요즘은 손자라는 말이 자연스럽게 나온다) 맘껏 뛰놀 수 있는 공간을 마련해두는 재미도 있고. 온갖 과일이 주렁주렁 매달린 마당에서 손수 과일을 따먹고 잠자리와 나비를 잡는다면 신나는 일이겠지? 나는 지금 그 미지의 아이들에게 보여줄 추억의 장소를 꾸미고 있다고.

"손자라니요?"

"네가 낳을 아이들 말이다."

손자라는 말에 우리는 큰소리로 웃는다. 나무는 십년을 내다보고 심는다 했으니 이 나무의 주인은 그 아이들이 될 것이다. 나무를 심을 또 하나의 구실을 찾아낸 것이 참으로 대견하다. 은목서와 종려, 동백 등등 마당에 심어진 나무들의 사연을 일러주고 집의 역사도 들려준다.

이 사무실건물은 엄마가 결혼해서 10년을 살았던 집이다. 좁은 집에서 할머니 할아버지 엄마 아빠 그리고 부엌일하시는 할머니까지 함께 살았다. 이 나무들은 할아버지께서 손수 심으신 것들이니 수령 40년이 넘었다. 지난 겨울 마당을 정리하면서 뿔뿔이 흩어져있던 나무들을 한곳으로 모아 놓았단다.

나무를 심은 사람들은 떠났어도 나무는 여전히 마당을 지키고 있다. 한 30년 후엔 지금 내가 심어놓은 나무들도 이만큼 자라 있겠지? 그리고 딸은 제 아이들에게 말해주겠지. 이건 너희 외할머니께서 심으셨다고. 식목일에 나무를 심는 것은 내 마음을 심는 일이다.

4부 정원이 있는 그림

봄날의 하루
한 방에 떼돈 버는 법
깨를 볶다가
안단테 칸타빌레
노인학
공포의 '라스포사'

봄날의 하루

아침에 허브 모종을 했다. 작년 여름에 삽목을 해 보살피던 것들이다. 작년 여름부터 가을 겨울을 스티로폼 상자 속에서 지냈던 모종들을 날씨가 따뜻한 오늘 드디어 마당에 옮겨 심는다. 뿌리가 제대로 자랐는지 궁금했는데 의외로 손가락 하나 길이의 제 키에 비해 뿌리는 두세 배 깊이 자랐다. 마당에서도 사람들이 다니는 길 주변에 옮겨 심어 사람들이 오갈 때마다 싱그러운 향기가 날리게 할 것이다.

이 허브는 '구례농고'에 근무하던 서 선생한테서 선물 받은 것이다. 구례 어디에서 야생화를 분양한다는 소식을 듣고 서 선생한테 전화했더니 그곳이 마침 구례농고라고 했다. 서 선생은 학교도서관 관리를 맡아 신간을 많이 구입했으니 책도 구경할 겸 맛있는 커피도 대접하겠다며 놀러오라고 했다. 쾌재를 부르며 달려갔다가 온실에 진열된 수많은 화분 중에서 허브화분 하나를 선물 받게 되었다. '로즈마리'라는 예쁜 이름이다.

서 선생과는 '순천문학'에서 만나 20년 넘게 왕래가 이어져 오는 사이다. 나이는 나보다 칠팔 세 아래지만 내가 만난 사람 중에서 대화가 가장 잘 통한다. 알맞게 겸비한 학문과 지성에다 문학적 감성까지 두루 갖춘, 드물게 귀한 이웃이다.

내 글을 꼼꼼하게 읽고 성실하게 비판해주는 것도 그녀다. 예전 '신동아'에 논픽션을 쓸 때도 그녀가 직접 타이핑을 해주는 등 공로가 많았다. 아마도 나의 비밀을 그녀만큼 많이 아는 사람도 없을 거다. 그런 사이지만 선물을 받는 것은 어째 좀 쑥스럽다. 가격이 별로(6천원) 부담스럽지 않거니와 화분인 것이 그나마 쑥스러움을 조금은 덜어주었다.

"허브는 물을 좋아하니까 물만 많이 주면됩니다."

온실당번 학생이 분을 넘겨주며 말했다. 그러나 나는 몇 차례 허브를 실패한 경험이 있어서 좀 걱정되었다. 허브향이 기억력을 좋게 한다는 말에 몇 개씩 사다가 화장대와 책상 위에도 놓고 책장과 부엌에도 두었는데 며칠 못 가 누렇게 잎이 말라버리곤 했다.

이번에는 잘 키워야 할텐데……. 선물 받은 허브화분은 보통 시장에서 파는 것보다 훨씬 크다. 덩치가 크니까 적응력도 강하겠지 싶어 화분에서 뽑아 마당에 심었다. 솔직히 말하자면 제때에 물주고 햇볕을 쏘이는 등 관리에 자신이 없었기 때문이다. 음지식물(그때까지 나는 허브를 음지식물로 알고 있었다.)을 양지에 내놓으려니 내심 걱정이 앞섰다. 그러나 허브는 걱정 말라는 듯 나날이 푸른빛을 더하며 가지를 뻗어갔다.

허브는 상하의 나라, 남미가 원산지라고 하는데 동해(凍害)를 입

는 다른 식물과는 달리 겨울에도 푸른빛을 잃지 않고 노지에서 잘 자랐다. 한국에 건너온 지 이십여 년에 한국사람보다 더 한국적으로 변해버린 벽안의 여인 같다. 잎을 쓰다듬으면 가슴까지 맑아지는 향이 손바닥에 베어나고, 땅에 심은 뒤로는 물주는 일조차 하지 않아도 되니 나처럼 게으른 사람이 키우기에 제격이었다.

나는 자신감이 조금 생겼다. 내친김에 아예 허브 밭을 만들고 싶어졌다. 허브화분을 몇 개 사려고 꽃집엘 갔더니 꽃집주인은 허브를 팔 생각은 않고 번식요령을 알려주었다.

“가지를 10센티 길이로 잘라서 모래상자에다 꽂아놓고 매일 물을 주면됩니다.”

이렇게 간단할 수가! 허브화분을 여러 개 사다 심으면 편하긴 하겠지만 돈이 제법 든다. 직접 삽목해서 번식시키면 돈도 절약되고 키우는 재미도 더할 것이다. '절약과 노동', 이것은 요즘 내 삶의 중심주제들이다. 산에 가서 부엽토를 퍼와 상자에 채우고 허브의 새로 돋은 가지를 잘라 꽂았다. 그리고 매일 물을 흠뻑 준 것이 전부다.

손가락 길이의 작은 가지에서 어엿한 하나의 나무로 자란 허브는 모두 마흔 포기나 된다. 황토흙집 앞에 허브모종을 옮겨 심는다. 방안에 앉아 문을 열면 허브의 향이 안방까지 몰려들 것이다. 허브향이 기억력을 좋게 해준다고 하니 기억력이 허약한 나에겐 필수적이다.

사철밤낮으로 허브 향에 취해 산다면 기억력이 너무 좋아져서 젖먹던 시절, 아니 전생의 어느 대목까지 거슬러 오르는 일은 없을까? 서 선생과 나는 전생에 어떤 사이였을까? 그리고 허브와 나는? 그러나 굳이 알고 싶은 마음은 없다. 지금 좋은 사이인 것을 보면 아득한 옛날에도 틀림없이 좋은 사이였을 것이기에. 허브모종을 끝내고 서둘러 씨앗가게에 가서 나물박, 조롱박, 해바라기, 접시꽃, 채송화 씨앗을 사다 심었다.

오늘은 손님이 두 차례 오셨다. 봄 아줌마 한 분은 3종류의 커피를 함께 갈아 만들었다는 특별한 커피와 꽃무늬 커피 잔을 선물로 가져왔는데 내가 커피를 못 마신다니까 소량으로라도 꼭 한번 맛을 보라고 당부한다. 그래, 내일 당장 마셔봐야지. 지옥처럼 뜨겁고 사랑처럼 달콤하고 추억처럼 향기롭다는 커피를 나도 한때는 무척 좋아했었다. 그런데 지금은 한 모금만 마셔도 밤잠을 설치니 이상한 일이다.

손님들에겐 '냉이 차'를 대접하고 노랑어리연꽃과 부레옥잠을 한 뿌리씩 선물했다. 물에 담아 실내에 두면 습도조절도 되고 아이들 교육에도 좋을 것이다. 꽃이 피면 집안분위기도 한결 좋아질 것이다.

낮에 틈틈이 캐둔 냉이로 저녁에는 냉이 차를 만든다. 깨끗하게 씻은 냉이를 뜨거운 불에 살짝 덖어 신문지를 깔고 황토 방에서 말리니까 고소한 냉이향이 방안에 가득하다.

향긋한 봄날의 길고 긴 하루가 어둠 속에 묻힌다.

한 방에 떼돈 버는 법

소식이 뜸했던 이들에게서 '요즘 뭐 하고 지내냐'는 전화가 걸려오면 나는 지체 없이 '돈 세며 지낸다.'고 대답한다. 아니, 돈이 얼마나 많기에 대놓고 돈 자랑을……? 그러나 눈치 빠른 사람들은 금방 웃음을 터뜨린다. 기분 좋은 웃음이다.

돼지의 한자음(漢字音)이 '돈'인 데다 평생 돼지를 키우며 살아왔으니 돈을 세며 지낸다는 내 대답은 과히 틀린 말이 아닌 것이다.

올 시월로 결혼 31주년이다. 쌍둥이도 세대차가 난다는 세상에 서른 한해 '한 우물'을 파기란 그리 호락호락한 일은 아니었다. 호사스럽고 안락한 재벌가의 안방마님도 아닌 냄새나는 돼지엄마의 자리임에랴.

이런 경력 덕분인지 주위로부터 과분한 대접을 받을 때가 있다. '파워우먼'이란 꼬리표를 달고 매스컴에 오르내리는 일이 그것이다. 내 이름자보다는 '돼지엄마'로 더 많이 기억되는 것도 아마 그런 이유일 것이다. 돈가(豚價)가 상종가(오르락내리락하고 있긴 하지만)를 치고 있는 요즘은 돼지엄마의 인기도 상승기류를 타고 있는 추세다.

어제는 어느 대학교수님한테서 전화가 걸려왔다. 학생들 앞에서 돈버는 비결을 한수 강의해달라는 부탁이었다. 그 대학에서는 미래의 농촌을 이끌어갈 인재 다섯 명을 뽑아 집중적으로 육성하고 있는데, 그들에게 한 방에 돈버는 법을 들려달라는 것이었다. 농촌에 대한 사랑과 농사꾼 제자사랑이 간절하게 베어있는 목소리였다.

지금은 희망자가 없어서 폐지되었지만 10여 년 전만해도 우리는 인근농고의 학생들을 실습생으로 받았다. 후한 실습비도 지급했고 실습생이 원하면 졸업 후에 취업이 가능했다. 우리는 실습생들에게 매일 실습일지를 쓰게 했는데 제일 많은 불만사항이 '매일 청소하고 똥만 치게 한다.' 는 것이었다.

이런 불만은 지도 선생님께서도 마찬가지여서 천박한 육체노동보다는 고도의 정신노동을 시켜달라는 부탁을 했다. 소위 고등교육을 받은 처지에 실습이라고 나와서 돈사청소나 하는 것이 학생이나 선생님 모두 자존심 상했었나보다.

돼지 키우는 남편 만나 도시에서 농촌으로 시집올 때 나는 몸빼 2벌을 혼수품으로 해왔다. 농촌에서 사는 일이란 도시의 신부처럼 맵시 나는 한복 입고 집안 단장하는 일은 아닐 것이다. 집안일, 들일, 돼지 키우는 일 모두 몸으로 때우는 일일 것이다. 그러자면 번쩍거리는 야회복보다는 작업복이 필요하지 않을까……. 뭐 그런 계산을 했던 것 같다.

그 작업복을 입고 돈사에 들어서서 들춰본 '양돈전서'의 첫 장에는 돼지관리의 3대 기본은 〈청결〉, 〈온난〉, 〈건조〉라고 적혀 있었다. 사료학을 전공한 남편의 '똥의 철학'도 새겨들을만하다. 어감이 좋지 않아 사람들이 말하기조차 싫어하는 '똥'에 무슨 철학이 있느냐고 웃는 사람들이 많다.

똥의 철학이란 '똥이 돈이 되고 돈이 똥이 된다.'는 간단한 내용이다. 사료 속의 영양가를 100% 소화흡수하지 못하고 똥으로 배설해버리면 비싼 사료비는 말 그대로 똥이 되어버린다. 100% 소화 흡수된 똥에서는 냄새도 나지 않고 파리가 생기지 않으니 금상첨화다.

먹인 사료가 돈이 되는지 똥이 되는지 알려면 고도의 정신노동 같은 것은 필요하지 않다. 돈사에서 부지런히 청소하며 똥의 상태를 살피는 것이 첩경이다.

이쁜이겠는가. 알만큼 아는 이들은 농업이나 축산을 '종합예술'이라고 부른다. 시나리오와 배우, 관객, 감독, 제작비, 상영관 …… 이 모든 것들이 조합된 영화를 우리는 종합예술이라고 부른다. 전문화 세분화된 스텝들로 만들어지는 '영화'에 비해 가족이나 개인이 그 모든 책임을 떠안아야 하는 축산이나 농업은 1인 다역의 종합예술인 것이다. 이 어려운 길을 택한 미래의 꿈나무들, 부디 돈 많이 벌어 행복하기를 기원해본다.

깨를 볶다가

- 중국여행기

겨우 5박 6일 다녀온 중국기행문을 쓰려니 제일먼저 떠오르는 말이 있다. '중국에 대해서 기행문을 쓰려거든 그 곳에 도착한지 사흘 이내에 써라' 는 어느 서양인의 충고다. 사흘이 지나면서 중국이라는 거대한 문물과 조금씩 친숙해지면 점점 더 당황하게 되어 마침내는 붓조차 들지 못하고 포기하게 되는 경우가 있다는 것이다. 한 곳에서 사흘을 넘기지 않았던 짧은 일정이 기행문을 쓸 용기와 위로를 주었으니 다행이라고나 할까.

모름지기 여행이란 목적 없이 떠나는 게 나의 신조였다. 그러나 이번 중국여행은 '순천대학최고여성농업경영자 과정' 여성반의 해외연수 차 떠난 여행이라 목적 있는 여행이었다. 마치 여고시절의 수학여행과 성격이 비슷한 데가 있었다. 다른 점이 있다면 꽃띠여고생이 50대 중반의 아줌마가 되어 지도교수님과 함께 떠났다는 점이다.

여행할 나라와 일정을 짜는 것도 우리반원들의 몫이었다.

여성 반에서 중국을 택하게 된 동기는 우선 지리적으로 가깝고 여행경비가 싼데다 요즘 일고 있다는 '한류열풍' 도 한몫을 했다. 농축업에 종사하는 반원들로서는 시장점유율이 점점 높아가는 중국농산물의 현장을 가보는 것도 의미 있는 일일 것이다.

떠나는 날 아침, 자명종이 울리기도 한참 전에 일어나 오리(소일거리로 오리 4마리를 키운다) 사료를 1주일 치나 부어주고, 남편의 외출복을 다림질해놓고, 그러고도 시간이 남아 새벽하늘에 반짝이는 별을 올려다보며 혼자 고즈넉하게 차 한 잔을 마셨다.

차를 마시면서 떠오른 생각은 이 나이에 내가 여성농업경영자 과정에 다니게 된 것도 그렇고 또 해외연수까지 가게된 것이 아무래도 신통하고 별난 일 같았다. 이십 수년 전, 돼지 키우는 남편을 만나 줄곧 돼지농장 안주인으로 살아온 일이 주마등처럼 스쳐지나갔다.

여성농업경영자 과정을 나가는 요즘은 내가 마치 20대로 돌아간 기분이다. 비록 반에서 가장 나이 많고 교수님들은 모두 연하이지만 배우는데 나이가 무슨 상관이겠는가. 숙제를 내주지 않는 것도 마음 편하고, 현장견학이 심심찮게 끼어있어서 지루하지 않고, 소속감이 생기는 것도 좋은 점이다.

반원들 대부분이 직접 농사를 짓기 때문에 철따라 싱싱한 야채와 과일을 맛볼 수 있는 것도 이 과정에서만 누릴 수 있는 행운이다. 대화의 대부분이 동물 기르기와 농사여서 공감대가 높고 수수한 차림새도 공통점이다. 장차 예쁜 마당 가꾸기와 먹는 것(食)의 자급자족이 목표인 나로서는 유익한 정보를 얻을 수 있어서 금상첨화다.

젊음은 알 수 없기(無知)에 절망하고, 노년은 할 수 없기(無能)에 절망한다고 했다. 그 무지도 무능도 아닌 희망의 50대, 나는 여행배낭에다 희망을 가득 담고 중국으로 떠났다.

첫 기착지 상해는 청주공항에서 1시간 40분 거리였다. 올망졸망한 서해의 섬들이 사라지고 망망대해가 펼쳐지더니 잠시 뭉게구름 속을 숨바꼭질하듯 헤집고 다니는가 싶었는데 어느새 상해연안이 나타났다. 야아 멋지다 멋져! 일행들의 탄성이 흘러나왔다. 솜사탕 같은 구름을 타고 땅을 내려다보는 기분은 새가 된 것처럼 가볍고 신기했다.

상해 홍교공항은 10년 전에 와보고 두 번째다. 한눈에도 달라진 모습이 한두 가지가 아니다. 고층건물의 숫자가 많아졌고 시내의 도로는 폭이 넓고 깨끗해졌으며 고속도로 숫자도 늘어났다. 10년 전에 상해의 20층 이상 건축물은 20개였는데 지금은 1,300개로 늘어났다고 했다. 군복차림에 총칼을 찬 공항직원들이 사람과 휴대품을 거칠게 수색하던 살벌한 분위기는 사라지고 깔끔한 제복차림의 직원들은 태도가 부드러워졌다.

내 짝꿍 '이 여사'의 배낭이 공항 검색대를 통과하다가 걸렸다. 삐이 요란한 경고음에 가슴이 철렁 내려앉았는데 공항직원은 배낭 속에서 '과도'를 찾아냈다. 과일을 깎아먹으려는 생각뿐 불순한 의도가 없었다는 정상이 참작되어 과도를 압수당하는 것으로 사건은 마무리되었다. 나는 순간적이나마 입국을 못할지도 모른다는 생각에 아찔했는데 그 정도에서 해결되어 다행이었다. 기내에서나 상해거리에서 늘 부딪치는 것은 2008년 세계올림픽을 잘 치러보자는 광고

문안들이다. 그 덕분에 전체적인 분위기가 많이 부드러워진 것 같다.

제일먼저 찾아간 곳은 상해임시정부청사. 비좁고(한 층이 열 평이 채 되지 않는다) 낡은 3층짜리 정부청사건물은 수리 중이었다. 맨 아래층이 주방, 다음이 회의실, 접견실, 3층이 요인침실이었는데 요인침실에는 나무침대가 3개 놓여있었다.

주방에는 요인들이 사용했던 차 주전자와 찻잔이 전시되어 있었다. 나라의 독립을 위해 동분서주했던 투사들의 손길이 구석구석 서려있는 듯 분위기는 무겁고 숙연했다. 나라의 소중함을 실감하는 순간이었다. 나라가 없었다면 우리들이 마음 놓고 외국을 드나들 수나 있을 것인가?

홍구공원에서 윤봉길 의사의 의거현장과 기념비를 둘러보았다. 공원에 도착하기 전에 우리는 가이드로부터 물건 사는 요령을 전수받고 '상해 3다(多)'의 퀴즈를 풀었다. 물건을 살 때는 처음 부르는 값에서 무조건 삼분의 일까지 깎아야 한다. 예를 들자면 100원짜리 물건을 30원에 사야 정상이다. 공원입구에서 일행 한 분이 방금 전수받은 내용을 실습해보는 것으로 본격적인 중국여행이 시작되었다. 상해 3다의 정답은 '사람, 자전거, 거짓말' 이다.

중국관광은 걷는 관광, 듣는 관광, 보는 관광 3가지로 나눈다고 한다. 5박 6일 동안 소주, 장가계, 항주를 많이 걷고 많이 보고 많이 들었다. "하늘엔 천당, 지상엔 소주 항주" 라는 표현처럼 소주와 항주는 경치가 빼어난 곳이다. 그 중에서도 소주는 '물의 도시' 로 운하가 370개나 된다. 제일 큰 운하는 북경에서 항주를 잇는 '경항 운하' 로 길이가 1,750킬로미터나 된다. 막 결혼한 신랑신부가 배를 타고 이 운하를 따라 신혼여행을 떠나면 도착할 때쯤 아이가 3살이 되어 있다고 하니 3-4년은 족히 걸리는 거리다.

항주 가는 고속도로변에는 뽕나무밭과 대마, 벼논이 끝없이 이어진다. 농가들은 3층집이 많고 여유 있어 보인다. 우리나라에서는 수지가 맞지 않아(지금은 당뇨병 특효약으로 생산이 부활되었다고 함) 사라진 누에치기가 이곳에서는 중요한 수입원이 되고 있다.

실크전문 백화점에는 사철외투부터 내의, 잠옷, 이불, 온갖 장신구 등을 팔고 있다. 팔등신 모델들이 화려한 실크 옷을 입고 나와 패션쇼를 보여주고 누에를 키워 명주이불을 만드는 과정을 눈으로 볼 수 있게 진열해놓은 점이 특이했다.

항주의 명물 용정차밭을 보고 싶었는데 차밭 대신 차 만드는 공장에 가서 차 한 잔 대접받고 차 선전을 귀 따갑게 들었다. 용정차를 소개하는 중국아가씨의 한국말 솜씨도 놀라우려니와 차의 약효와 마시는 법을 일목요연하게 설명하는 말재주에 감탄이 절로 나왔다.

용정차를 마시면 당장 오만가지 병이 다 나을 것 같은 달콤한 선전에 너도나도 차를 사지 않고는 배길 재간이 없었다. 솔직히 말하자면 차 맛은 한국 차에 비해 훨씬 못하고 가격은 월등히 비쌌다. 그런데도 차를 마시지 않는 사람들까지 선물용으로 사고 이제부터 차를 마시겠다며 듬뿍듬뿍 샀다. 중국에서는 무조건 삼분의 일 가격으로 깎으라고 했는데 찻값은 깎아주지도 않았다.

중국의 4대 미인 서씨의 고향이라는 서호(西湖)에서 뱃놀이를 했다. 유람선에 탄 중국청년들은 뱃놀이엔 관심이 없고 뱃전에 앉아 포커 놀이하느라 배가 떠나갈 듯 소란스러웠다.

기후가 온화하고 산수가 아름답다는 천년고도. 예로부터 미인이 많다는 소주나 항주는 고풍스러움이 많이 사라지고 청바지차림의 젊은이들이 거리에 넘친다. 의식주에서 고유한 전통 같은 것은 찾아보기 힘들다.

이번 중국여행의 볼거리는 산꼭대기의 인공호수 '오봉호' 에 낭랑히 울려 퍼지던 '산 노래' 다. 산 노래는 험준한 산마을에서 짝을 구하는 여인들이 이 산 끝에서 저 산 끝까지 들리도록 목청을 가다듬어 부르는 구애의 노래다. 여인의 산 노래를 들은 총각이 저 산 끝 어디에서 화답하는 노래를 불러오고……. 노래를 주고받으면서 산골처녀총각의 애절한 사랑은 무르익는다.

여행이 끝날 때쯤 나는 걱정이 태산이었다. 여성농업경영자 과정의 연수에는 별로 도움이 되지 않을 관광만 하고 다녔기 때문이다. 가이드한테 잠업이나 차밭 등 농업현장을 보여 달라고 떼를 써봤지만 허사였다. 하다못해 재래시장이라도 구경시켜 달라고 해봤지만 '여긴 산적들이 많아서 안돼요' 라는 대답뿐이었다.

잘 사는 나라 사람들이 무엇 땜에 못 사는 나라의 더러운 곳을 보려하느냐고 역정을 내는 데는 더 할말이 없었다. 이 가이드는 위성안테나가 달린 집에 일찍 들어가서 한국텔레비전을 보는 것이 인생의 최고 즐거움이라고 했다. 한국텔레비전 드라마의 줄거리와 주인공의 이름, 가수이름, 인기가요 순위와 노래가사도 쫙 꿰고 있었다. 이

것이 내가 목격한 중국에서의 한류열풍이라는 것이다.

중국에서는 지역마다 각각 다른 가이드가 나왔는데 그들의 공통점은 '조선족 3세'라는 점이다. 조선족 3세가 한국관광객의 가이드로 뽑히는 것은 한국말을 할 줄 안다는 장점 때문이다. 재미있는 것은 가이드들이 하나 같이 조선 13도의 사투리가 혼합된 말투를 사용하는 점이었다. 한 사람의 입에서 전라도 경상도 충청도 강원도 이북말씨까지 골고루 반죽된 말이 나오다니 희한했다. 또 완성된 문장이나 경어가 아닌 말끝을 잘라먹는 나쁜 습관도 공통적으로 가지고 있었다.

올바른 우리말을 배울 기회가 없었는지 대학졸업의 고학력자들이 우리말을 제대로 구사할 줄 모르다니 실망스러웠다. 조선 13도의 이주민들이 자치구에 옹기종기 모여 살다보니 말씨가 서로 흡수 통합되어버렸는지 알 수 없지만 가이드라면 정확한 문장구사는 기본 아닌가. 용정 차 가게의 중국아가씨가 빼어난 한국말을 사용하는 것과는 극명한 대조를 이루었다.

인상적인 것은 중국의 환경정책이다. 서호의 물이 썩지 않도록 연 1회씩 호수의 물을 갈아 넣는다고 했다. 호수주변에 식당이나 위락시설을 허가하지 않아 물이 오염되는 것을 철저히 방지하고 있었다. 또 주은래 총리시절에 화장제도를 법으로 만들어서 무덤을 쓰지 못하게 했다. 그 많은 인구를 모두 이장했다면 중국 땅은 무덤 천지가 되었을 것이다.

여행 마지막 날 밤, 일행 몇몇이 아르바이트로 중국 참깨와 잣을 팔고 있다는 한국유학생에게서 참깨를 5Kg씩 샀다. 여성농업경영자 과정 학생으로서 중국농산물을 사는 것이 합당한가? 심히 고민되었지만 그냥 지나치지 못하고 샀다. 공항에 나오면서 보니 다른 여행객들은 아무도 참깨를 사오지 않았다. 이유인즉 올해 중국 참깨는 작황이 좋지 않아 알이 야물지 않다는 것이었다.

여행에서 돌아와 영농교육원에 나갔더니 누군가 '여성반이 중국 가서 참깨를 한 가마니나 사왔다면서? 아니 그럴 수 있나?' 하고 소리치고 다녔다. 그 참깨로 기름을 짜서 다 먹을 동안 나는 반성에 반성을 거듭해야 했다. 이유야 어떻든 참깨 한 알이라도 사지 않았어야지 하는 반성이었다. 깨를 볶을 때마다 이 반성은 되살아나 내 얼굴은 붉게 물들 것 같다.

안단테 칸타빌레

7년 간 애지중지 타던 차를 바꿨다. 10년을 채우기로 작심했던 차를 7년 되는 해에 바꾼 것은 차가 자주 말썽을 부렸기 때문이다. 말썽은 창문에서부터 시작되었다. 맑은 날씨에는 멀쩡하던 창문이 비가 오거나 흐릴라치면 제멋대로 작동이 멈추어버리는 것이었다.

유리창을 시작으로 차는 골병든 노인처럼 여기저기 아픈 곳이 불거지기 시작했다. 대물림은 못 하더라도 최소한 10년은 넘게 타야지, 차를 오래 타는 것도 돈 버는 일이다……. 하면서 어떻게든 고쳐보려고 정비소를 드나들었지만 수리비며 시간낭비가 만만찮아 새 차를 사지 않을 수 없게 되었다.

타던 차를 바꾸는 일은 그리 달갑지만은 않은 일이다. 마치 정든 친구나 애인을 바꿔치우는 것처럼 썩 내키지 않을 때가 있다. 색깔이며 모양을 선택하는 일에서부터 금액이며 취향 등 따져볼 것이 한두 가지가 아니다. 그 중에서도 고역인 것은 정붙이기가 쉽지 않다는 점이다. 옷이나 사람이나 가재도구나 쉽게 정들이지 못하는 나로서는 차라고 예외일 수가 없다.

새 차의 이름은 '라비타' 다. 겉모양이 자그맣고 수수하며 단단해 보이는 것이 무난한 인상이다. 그러나 내가 라비타를 선택한 속내는 그 무엇보다 이름이 마음에 들었기 때문이다.

라비타는 이태리어로 '삶' 이란 뜻이다. 새 차가 도착한지 이틀이 지나도록 나는 차를 타볼 엄두를 내지 못했다. 남의 차를 얻어 타거나 걷는 수고를 마다하지 않고 이삼일을 보내야 했다. 차는 내게 '삶이란 대체 뭘까요?' 라는 질문을 나직이 그러나 집요하게 던져오는 것 같았다. 열쇠를 꽂는 순간이나, 신호대기를 하고 있을 때, 무심히 도로를 달리고 있을 때도 차는 나에게 '삶' 을 생각나게 했다.

그래서 나는 지나간 나의 삶을 한번 살펴보기로 했다. 피카소가 자신의 예술세계를 '색깔' 로 구분했듯이 나의 삶은 내가 탔던 자동차의 종류로 대변할 수 있을 것 같다. 그동안 내가 탔던 차는 '포터' 를 시작으로 '픽업', '프라이드 3도어', '프라이드 5도어', '세피아', '악센트' 그리고 '라비타' 까지 모두 7종에 이른다. 차의 이름만으로도 내 삶의 변천사를 대충 짐작할 수 있으니 우연치고는 참 재미있는 우연이다.

가장 기억에 남는 차는 역시 처음으로 탔던 차 〈포터〉다. 첫차에 얽힌 추억은 첫사랑의 기억만큼이나 감미롭고 강렬하다. '짐꾼' 이라는 뜻의 포터는 1톤짜리 화물차다. 포터시절, 나의 삶 또한 짐꾼의 그것에 다름 아니었다. 적재함 가득 대가족의 먹을거리를 사 나르고, 방문하는 손님도 태우고, 씨돼지를 구입해오는 등 짐꾼의 역할에 충

실했다.

차가 귀했던 시절이라 비록 짐차였을망정 포터의 인기는 상한가였다. 시내 어디든 차를 세워도 단속에 걸리는 일은 없었고, 중앙시장 한가운데 차를 세워놓고 시장을 보는 일도 거뜬했다. 시장아주머니들의 엄지손가락을 치켜 보이는 환대며, 덤을 듬뿍 얹어주는 시장 인심도 푸짐했고, 차례를 기다리는 곳에서는 남자기사들이 선뜻 앞자리를 양보해주었다. 관공서나 고급호텔에서 차종에 따라 사람을 차별대우한다는 말을 들었지만 나는 한 번도 차별대우를 받은 적이 없다. 물론 포터를 타고서 한 번도 그런 곳에 간 적이 없기는 했다.

그 시절 포터를 한 번이라도 타봤던 어린조카들이나 친지들은 적재함에 앉아 우둘투둘한 비포장도로를 달리던 일을 '추억 1호' 로 간직하고 있으니, 추억은 참 소박하고 사소한 데서 오나보다. 고급 승용차가 흔해빠진 지금 굳이 짐차를 타고 즐거워 할 일이 있을까?

변두리에 살면서도 일찍 운전을 배웠던 것은 근교에서 농장을 하는 환경 탓이 컸다. 한 시간에 한 대씩 다니는 버스를 타고 시장을 봐 나르는 일이 힘들었고 양손에 짐을 들고 택시를 타는 일은 감히 엄두도 낼 수 없었다. 택시기사들의 승차거부와 요금시비에 주눅이 들었기 때문이다.

남편을 기사로 부리는 일은 더욱 불편했다. 애걸복걸해서 차를 얻어 타면 시장입구에 달랑 떨쳐놓고 '5분이다' 하며 선심 쓰듯 위세를 부린다. 사야할 물건이 얼만데 사정사정하면 '엣다, 10분' 하고 시간을 늘려준다. 포터를 만난 뒤로는 누구에게 시간을 구걸할 필요도 없었고 산더미만한 짐도 겁나지 않았다.

두 번째 만난 차는 픽업이다. '사람을 마중 가다.' 라는 뜻의 픽업은 주로 아이들을 태워 날랐던 차다. 유치원을 시작으로 초중고 15년간을 나는 아이들의 기사노릇을 도맡았는데 아이들의 몸집이 불어나는 속도에 맞춰 차는 프라이드 3도어, 5도어로 옮겨갔다.

프라이드는 '자랑스러운 마음, 또는 자존심' 이다. 자존심은 제 몸이나 품위를 스스로 높게 가지는 마음이다. 나는 자존심을 살려 '우리들의 고향' 이라는 글을 써 신동아 논픽션 최우수상을 받았다. 양돈경력 16년째, 수입개방과 가격폭락으로 농장이 문을 닫아야할 지도 모르는 절박한 상황에서 고별사를 쓰는 심정으로 한자 한자 썼던 글이다. 으리으리한 시상식장에서 수상소감을 발표하는 목표를 이루었다.

내가 노린 것은 최우수상이라는 영예보다 바로 이 수상소감이었던 것이다. 지렁이도 밟으면 '꿈틀' 하고 참새도 죽을 때는 '짹' 한다는데 16년 한 맺힌 무대를 떠나는 마당에 한 마디 고별사가 없어서야 되겠는가. 내 고별사가 괜찮았는지 어디선가 "본문보다 수상소감이 더 걸작이다!" 라는 환호성이 들려왔다. 자칫 무명의 사각지대로 사라질 뻔했던 우리돼지들과 나의 삶에 빛나는 계급장 하나를 보태는 계기가 되었다.

나의 다섯 번째 차 '세피아' 의 뜻을 나는 알지 못한다. 취향이 맞지 않는 친구처럼 웬일인지 나는 이 차에 정이 들지 않았다. 아이들이 자라서 대학기숙사로 떠난 뒤라, 휑하니 넓은 공간이 공설운동장 같아 부담스러웠다.

그래서 서둘러 크기가 한 단계 낮은 '악센트' 로 바꾸었다. 이 시절의 강조될만한 거대사건은 시부모님과 친정어머니와의 사별이다. 나를 지탱해준 근엄(謹嚴)과 자애(慈愛)의 두 축이 지상에서 사라져 버렸다. 자동적으로 나는 명실상부한 어른(?)의 자리에 오르고 말았다. 아이들의 재잘거림과 어른들의 위엄으로 생기 넘치던 집은 산사(山寺)처럼 고요해졌다.

이제 나는 홀로 라비타를 타는 쉰일곱의 아낙이 되었다. 프랑스에서는 쉰다섯부터를 '연소노인' 또는 '제3의 인생'이라 부른다고 한다. 제 3의 인생이라니, 마지막 페이스를 조절하는 마라토너의 이미지가 떠오른다. 아니다. 출발선상에서 땅! 출발신호를 기다리는 주자의 기분이다. 나는 지금 제3의 인생을 막 출발하는 시점이니까.

제3의 인생 목표는 '느릿느릿 그리고 화려하게' 로 정하겠다. 음악적 표현으로 치면 '안단테 칸타빌레' 나 될까. 새롭게 시작하는 내 인생의 밑그림은 자발적인 빈곤과 먹을거리의 자급자족이다. 굳이 애걸복걸하지 않아도 시간은 내 편이 되었고 이젠 바삐 실어 날라야할 짐 같은 건 있지도 않다.

그래서 생각해보는데 아마도 '라비타' 는 내가 타는 마지막 차가 되지 않을까. 심심풀이로 장을 한 바퀴 구경하고 먼 도시로 나들이 가는 정도라면 대중교통으로도 충분할 것이다. 안단테, 안단테를 흥얼거리며 두 다리로 또박또박 걸어 다니는 삶도 좋지 않겠는가.

노인학

어느 날, 청암대학 앞을 지나다가 학교담벼락에 걸린 현수막을 보게 되었다. '노인교육지도자 과정'을 개설한다는 내용이었다. 순간, 저걸 신청해야겠다는 생각이 퍼뜩 떠올랐다. 집에 오는 길로 학교에 전화를 걸어 자격요건을 알아보았더니 노인복지시설종사자나 그 방면의 실무자에게나 해당되는 것들이었다.

"시간도 넉넉하고 봉사할 곳을 찾고 있는 사람인데 무슨 방법이 없을까요?" 하고 사정했더니 한 가지 방법이 있긴 있노라고 대답했다. 아직 날짜가 있으니 그동안에 20시간의 봉사활동을 마치면 된다는 것이다.

나는 평소에 알고 지내던 복지회관에 전화를 걸어 20시간의 봉사활동을 신청하고 다음 날로 복지관 직원을 따라 양○○ 할머니 댁을 방문하였다. 차를 타고 가는 동안 복지관 직원이 양 할머니의 신상에 대해서 알려주었다.

—현재 78세. 18세에 결혼했으나 남편의 주벽으로 생이별. 40대 초

반에 재혼했으나 생활고로 생이별. 자녀 없음. 어릴 때 소아마비를 앓아 오른쪽 다리 불편함.—

우리 집에서 멀지 않은 곳이었다. 용케도 몇 년 전에 복지관장을 따라 가본 적이 있는 할머니 댁이었다. 다행히 할머니께서 먼저 나를 알아보시는 바람에 분위기는 금방 화기애애하게 변했다. 내가 돼지농장 안주인이라는 것, 몇 날 몇 시에 와서 뭘 했는지도 소상하게 기억하고 계셨다.

냉장고에서 사탕봉지를 꺼내 한 주먹 쥐어주시며 기름보일러를 놓았고, 전기가 들어와서 텔레비전을 보게 된 일, 교회식구들과 동네부녀회에서 반찬을 챙겨다 준 일, 은행통장에서 용돈을 찾아 사탕과 비누 등 생필품을 샀던 일, 지난 주일에는 아무도 찾아주는 이가 없어서 먹을 것이 부족했는데 이번 주에는 한꺼번에 들어와 냉장고가 부족하다는 등 저간의 사정을 낱낱이 복지관 담당자에게 들려주셨다.

마치 일기장을 읽듯 조리 있고 정감 넘치는 남도사투리와 황토들녘 같은 강인함이 몸에 밴 할머니였다. 사람이 그리워서인지 어린아이처럼 즐거워하는 모습이 인상적이었다. 언젠가 홀로 사시는 할아버지를 찾아본 적이 있었는데 아무 말씀도 하지 않아서 답답했던 것과는 대조적이었다. 전기밥솥과 가재도구, 이불과 옷이 널린 방에서 옷은 옷걸이에 걸고 냉장고와 마루를 치우는데 할머니는 얘기 나누기를 더 원하는 눈치였다.

"돼지 키우기가 일이 좀 많아. 집안일도 바쁠 텐데 뭐 하러 왔으까잉. 참말로."

돼지 굶겨놓고 할머니 찾아온 줄 아는지 못내 안쓰럽고 겸연쩍어 하는 표정이었다.

입 하나 덜자고 어린나이에 불편한 몸으로 결혼했으나 이어지는 생이별과 생활고에도 가족 친지 누구 하나 연락을 끊어버린, 말 그대로 고립무원의 처지가 된 사연을 남의 얘기하듯 털어놓았다. 불편한 다리로 산나물을 뜯고, 틈틈이 마을에 나가 일손을 도우며, 텃밭에 야채를 가꾸어 약간의 용돈과 소일거리를 마련하는 부지런한 할머니다. 할머니의 일상을 대변하듯 댓 평 남짓한 마당에는 고추와 가지가 탐스럽게 열려있다.

몇 차례 시설입소를 권유받았지만 모두 거절하고 약간의 정부보조금과 이웃의 배려와 자활의지로 씩씩하게 살아가는 모습이 보기 좋았다. 며칠 후에 찬거리를 챙겨 혼자서 할머니를 찾아뵈었다. 오늘은 느긋하게 할머니의 말동무가 되어드리기로 했다.

마루에 나란히 앉아 할머니가 쥐어주는 사탕을 받아먹고, 마른나무등걸 같은 할머니의 손을 만져보았다. 할머니는 아까부터 할 듯 할 듯 머뭇거려오던 이야기보따리를 풀어놓기 시작했다.

“내가 하는 말, 아무한테도 안 할 거재잉? 복지관 사람들에게도 말하면 안 되네잉!”

몇 번이나 다짐을 받은 후에 할머니는 속내를 털어놓았다. 텔레비전이 없었던 저 지난해, 이웃집에 텔레비전을 보러 갔다가 오해를 받게 된 사연이었다.

할머니는 마을의 변두리에서 40대부부와 담을 맞대고 살고 있다.

그래서 좋은 프로가 있는 날은 그 집으로 텔레비전을 보러가곤 하신다. 여느 때처럼 무심히 그 집 마루에서 텔레비전을 보고 있었는데 장에 다녀온 그 집 부인이 대뜸 자기남편과 할머니를 부적절한 사이로 오해하고 나서면서 사건은 시작되었다. 외딴 집에 사람이라고는 이웃사촌지간인 두 남녀(비록 수족이 불편한 할머니라고는 하나)가 텔레비전 관람에 열중하고 있었으니 그 집 부인의 입장에서는 의심을 품을 만도 했을까?

이때부터 시작된 이웃 부인의 폭언과 욕설은 밤낮도 시도 때도 없이 8개월을 계속되었다고 했다. 2년이 지난 그즈음까지도 그 집과는 냉전 중이라고 했다. 처음 8개월은 밤잠을 못 잘 정도로 마음고생이 심했지만 속 시원히 대꾸 한 번 못 해보고 냉가슴을 앓아왔다고.

"죽은 뒤에도 절대로 잊어버릴 수 없다니께…… 이런 늙은이를 왜 그렇게 오해했는지……."

"지금도 밤잠을 못 주무실 만큼 힘드십니까?"

"아니, 지금은 잠은 그런대로 자네. 그래도 한번씩 열이 올라……."

나이 드신 데다 성치 않은 몸으로 그런 끔찍한 오해를 받는 게 억울하고 분해서 한때 '자살' 을 생각한 적도 있었다고 목소리를 낮추었다. 이런 경우, 어떻게 위로의 말을 해 드려야할 지 몰라 나는 그저 묵묵히 할머니의 이야기를 듣기만 했다.

노인교육지도자 과정에서 '노인상담의 실제' 를 배우면서 나는 '노년학' 의 매력에 푹 빠져들었다. 그래서 아예 청암대학 노인보건

복지과 수시모집에 지원서를 냈다. 다른 노인에게 도움을 주기에 앞서 장차 노인이 될 나에게 꼭 필요한 과목이었기 때문이다.

프랑스에서는 55세부터 '연소노인' 이라 부르며 노인으로서의 적응훈련에 돌입한다고 한다. 노후를 대비한 건강관리법, 소일거리, 경제적인 대비책 등 점검을 하는 시기다. 그러나 우리는 아무런 준비 없이 어느 날(65세부터) 갑자기 노인이 되어 주변인으로 밀려난다.

우리나라 인구의 평균수명이 여자의 경우 83세에 육박하고, 남자 노인에 비해 7-8년 더 산다는 조사결과가 나와 있다. 반면 출생률은 세계 최하위로 떨어졌다. 평균수명이 늘어나고 생산인구는 줄어드니 미래사회의 주요쟁점은 '노인복지' 이며 그 중에서도 특히 여자노인의 문제가 중심이 되리라는 전망이다. 어린이를 맡기는 '탁아소' 는 노인을 맡기는 '탁노소' 로 간판을 바꿔 달아야 할 날이 머지않았다고 한다.

그러나 우리나라에는 아직 변변한 노인복지정책이 없다. 개인이며 단체, 기관에서 이루어지고 있는 복지사업은 연계성이 없어 노력에 비해 성과는 미미한 편이다. 대학교재도 번역일색인데다 용어들이 낯설어서 이해하는 데 어려움이 있고 한국 실정에 맞지 않는 내용들이 많아 아쉽다. 농촌노인의 고령화속도는 도시에 비해 월등히 앞서지만 아직은 관심의 대상이 되지 못 하고 있다.

미흡한 정책을 탓하기에 앞서 풍요롭고 독립적인 노년을 위해 개개인이 스스로 대비해야 할 시점이다.

늙어 가는 것도 학문으로 배워야하는 시대가 온 것이다.

공포의 '라스포사'

서울로 이사 간 옛 '이웃사촌' 한테서 전화가 왔다. 그녀는 여차여차해서 라스포사의 판매사원이 되었는데 곧 순천에서 할인매장이 열린다고 알려왔다. 나는 그 전화를 받고 두 가지 면에서 놀라움을 금할 수 없었다. 하나는 오랜만에 옛날 이웃을 만난다는 기대감이었고 다른 하나는 '라스포사' 라는 단어가 주는 놀라움이었다.

초등학생 때 헤어진 아이들이 시집갈 나이가 되었으니 밀린 이야기도 산더미 같을 것이다. 20여 년의 회포를 풀기위해 우리는 하루 밤쯤 꼬박 새워야 할지도 모른다. 각박한 서울생활에 지친 이웃사촌이 먼저 나에게 그런 주문을 해올지도 모르지…….

그러면 나는 만사를 제쳐두고 흔쾌히 응하리라. 나는 재빠르게 분위기 있는 찻집과 맛있는 식당을 머릿속에 그려본다. 그런데 내 사촌은 할인행사장에 '돈 많은 인맥들을 동원하라' 는 주문을 내린다. 뒤통수를 한 대 맞은 듯 눈앞이 캄캄해온다.

돈 많은 인맥이라? 나한테 그런 인맥이 있을 턱이 없지만 설사 있다 해도 그들에게 심리적인 부담을 주거나 민폐를 끼치고 싶은 마음이 조금도 없었기 때문이다. 나는 가능성이 없는 주문에 대하여 진지하게 그리고 열심히 고사(苦辭)의 변을 늘어놓았다.

우리는 서로의 입장을 고려한 끝에 내가 최저가의 옷을 하나 구입하는 것으로 합의를 보았다. 무슨 '목폴라' 라는 옷이 제일 싼 가격이라고 했다. 적어도 이 정도면 이웃사촌으로서의 도리는 하는 거겠지.

휴우, 안도의 숨을 내쉬기도 전에 '라스포사' 의 충격이 몰려왔다. '날아가는 새도 떨어뜨린다.' 는 법무장관의 모가지를 하루아침에 댕강 날려버린 문제의 메이커가 아닌가. 그 이름도 무시무시한 호피무늬 코트를 볼 수 있을까?

아무튼 이 시골구석에 앉아서 '라스포사' 를 구경하는 것이 무슨 대단한 시혜처럼 생각되었다. 그래서 약간 부담스럽기까지 하던 '목폴라' 가격도 그럭저럭 참을 만했다. 메이커 구경 값으로 그 정도는 지불해야겠지. 나는 얼른 사흘이 갔으면 하고 조바심이 났다.

드디어 행사 당일, '라스포사, 너 장안의 명성을 내 눈으로 똑똑히 확인하리라.' 나는 호기심 가득한 속마음을 숨기고 행사장에 당도했다.

내 이웃사촌은 '라스포사' 의 판매사원이 되더니 더욱 우아하고 세련된 매너로 분위기를 압도했다. 늘씬한 몸매는 판매사원들 가운데서도 으뜸이었다. 그런 이유에선지 그녀는 밍크 코너 전담이라고 했다. 제품을 설명하는 화술 또한 청산유수였다. 매장을 한바퀴 천천히 돌고 나서 '목폴라' 를 사야지, 구경하는 데야 돈 받지 않을 테니까.

이럴 때는 아는 판매사원이 있다는 것도 얼마나 든든한가. 휘익 매장을 한 바퀴 돌고 나서 약속한 '목폴라'를 보여 달라니까 내 이웃사촌은 그것은 내게 어울리지 않는 옷이라서 볼 필요도 없다고 했다. 대신 밍크코트를 들고 나와 입혀주었다.

라스포사 제품 중에서는 밍크를 최고로 알아준다는 것이다. 이것은 깎은 밍크라서 동물보호협회 사람들도 알아보지 못한다, 털이 짧기 때문에 운전할 때도 거추장스럽지 않다, 이태리 직수입…… 등등. 주워섬기는 항목들이 수십 가지에 이르렀고 옆에 있던 사원들이 둘이나 가세해서 선전공세를 펴는 바람에 나는 내 정신이 아니었다. 오도 가도 못하고 덫에 걸린 새앙 쥐 신세가 되었다. 내가 사기로 한 것은 '목폴라'라고, 나는 '목폴라'를 외쳤지만 내 목소리는 아무도 알아듣지 못 했다.

"나이에 맞게 옷을 입으셔야죠. 사돈 볼 나이에는 이런 밍크정도는 입어야죠. 딸 며느리 대물림에다, 글 쓸 때 어깨에 두르면 글이 더 잘 나올 겁니다."

—돈도 안 되는 글 쓰면서 밍크는 무슨 밍크야? 나오던 글도 놀래 달아나버리겠다.—

드디어 2년여 몸조심하며 간신히 끌어내린 혈압이 정수리를 뚫고 솟아오를 것 같은 위기감이 느껴졌다. 이거야말로 생존에 관한 중대사였다.

하지만 이웃사촌은 "현금으로 끊으시겠어요? 그러면 내가 오십만원을 보태드릴게요. 일천 오백짜리 50프로 세일해서 칠백 오십에, 거기에다 다시 내가 오십을 보태드린다니까요."

맙소사, 맙소사 아이고 하느님, 이건 또 무슨 계산법입니까?

-절반을 자르고 오십 만원을 기부 받아서 칠백이라고? 칠백이면 돼지가 삼십 마리네. 나는 돼지를 키우기 때문에 액수가 상상되지 않을 때는 돼지마리수로 환산해보는 버릇이 있다. 돼지 삼십 마리, 그 무거운 것을 내가 어떻게 걸치고 다니라고? 그러잖아도 구제역 때문에 코가 석자나 빠져있는 판에 ……. 호피 무늬 같은 소리하고 있네.

나는 궁여지책으로 남편한테 의논해 보겠다는 핑계 아닌 핑계를 댔다.

"아니 순천의 재벌마님께서 이 정도를 가지고 남편을 팔다니요. 언제부터 그렇게 되었나요?"

나는 점점 좁쌀여인으로 낙인 찍혀 시궁창으로 팽개쳐지는 낭패를 맛보았다. 자존심도 의리도 모두모두 구겨져서 쓰레기통으로 쳐박히는 모멸감에 빠졌다.

안면이 있는 어느 부인은 '내 이웃사촌의 실적을 생각해서' 하나 샀다며 큼직한 쇼핑백을 들어보였고, 나도 이번 기회에 큰 것으로 하나 장만하라고 판매사원보다 더 간절하게 재촉했다. 나는 정신을 놓지 않으려고 안간힘을 쏟은 끝에 결국 매장을 빠져나오는데 성공했지만 종일 찜찜한 기분을 떨쳐버릴 수 없었다.

아무래도 우리 서로 이웃사촌간의 예의가 아님이 분명했다. 인사로 사주겠다던 '목폴라' 를 사지도 못 했으니 나는 나대로 예를 놓쳤고, 또 연한 배처럼 사근사근하던 이웃사촌의 우아하고 세련된 매너는 어디로 가버렸단 말인가? 도대체 일이 어디서부터 이 지경으로 엉켜버렸는지 어디서부터 풀어야할지 난감했다.

그래도 나는 어떻게든 엉킨 실타래를 풀어보려고 궁리를 거듭했다. 우선 전화를 걸어 내가 도와주지 못한 것을 사과하고 저녁식사를 약속 받았다. 나는 사양하는 그녀의 밥그릇에 자꾸만 밥을 얹어주며 이상한 죄책감을 덜어보려 애썼다.

그리고 다시는 매장에 나가지 않았다. 붙들리면 또 무슨 변수(혹시 내 마음이 변해서 밍크코트를 사게 되지나 않을지)가 생길지 걱정이 되었던 것이다.

할인행사가 끝나고 서울로 돌아간 이웃사촌한테서 전화가 왔다. 그녀는 예의 나긋나긋한 옛날 모습으로 돌아가 있었다. 우리는 서로 도움이 되지 못한 것에 대해 사과하고 유쾌하게 웃었다. 가슴에 얹힌 바윗덩이가 빠져나간 듯 숨이 탁 트였다. 잠시 우리 사이가 불편했던 것은 저 '라스포사' 의 유령의 장난이었던 것 같다.

참고로 '라스포사' 는 이태리어로 '신부(新婦)' 라는데 신부와는 너무나 동떨어진 유명세에 다시 한번 놀랐다.

제26회 신동아 6백만원 고료

논픽션 최우수작

우리들의 고향

며칠 전 아침 TV드라마에서는 세상살이에 실패한 한 남자가 '고향에 내려가서 돼지나 키우며 살겠다.' 라며 짐을 꾸려 떠나는 장면이 나왔다. 그는 허영과 명예욕에 사로 잡혔던 지난날을 뉘우치면서 '사람답게' 살아보겠다고 고향을 향해 떠나고 있었다.

어디 드라마 뿐이랴. 현실에서도 이런 투의 푸념은 수없이 들어왔다. 그런데 타향살이에 지친 사람들이나 콘크리트 문화에 찌든 도시인들이 마지막 안식처로 삼고 있는 '우리들의 고향' 은 어떤가. 그리고 그들이 돌아가 사람답게 살고 싶어 하는 고향에서 반평생을 살아온 나의 일생은 어떤 의미를 가질 수 있을까.

우리는 양돈을 생업으로 삼고 살아간다. 남편은 축산대학을 졸업하고 이십 년 가까이 오직 외길 '돼지 기르는 일' 에 매달려 살아왔다. 돼지를 통해서 그가 추구하는 최고의 것을 이룰 수 있다고 확신하며 살아온 것이다. 그가 이루고자 하는 최고의 것이 그의 말대로 장관이나 대통령은 물론 아니겠지만 요즘 들어 그는 자주 혼잣말 하듯 중얼거린다.

"장관도 대통령도 돼지를 통해서 이룰 수 있다고 생각했는데 요즘은 아니라는 생각이 들어……."

나는 남편의 꿈이 무엇인지 안다. 열심히 돼지를 키우면 누구라도 잘 살 수 있다는 것을 보여주기 위한 모델 농장을 갖는 것이다. 돼지를 키우고 싶어 하는 사람이면 누구라도 언제라도 와서 배워갈 수 있도록 숙식시설이 갖춰진 작은 농장.

남편은 취미도 소질도 돼지 키우는 것 뿐이다. 늙어서도 돼지를 키울 것이냐, 노후의 소일거리를 위해서 화투라도 배워두는 게 좋을 것이라는 주위의 권유도 있지만 화투도 취미가 있어야 배우는 것인지 우리는 그 흔한 화투짝도 모르고 산다.

우리는 돼지를 통해서 많은 것을 이루기도 했었다. 화려한 권력이나 호사를 누린 적은 없으나 돼지가 가져다 준 모든 것에 감사하며 그것이 우리들의 분수에 맞는다고 생각했다. 세 동생이 대학을 마칠 수 있었던 것도, 노부모님과 아이들, 십여 명의 종업원과 그 가족들의 생계를 지탱해 준 것도 돼지의 공로였다.

기껏 정성 들여 키운 놈들을 도축장으로 보내야하는 안쓰러움을 훌륭한 영양공급원으로 사람의 식탁에 오른다는 위안으로 대체하는 데는 제법 시일이 걸렸다. 어쩐 인연인지 돼지를 보면 사랑스럽다. 왠지 천진스럽고 버릇없는 아이를 대하는 느낌이다.

그런데 이십여 년 풍상을 겪으며 많은 것을 이루어준 고마움에도 불구하고 요즘은 양돈을 계속하기 힘들 거라는 예감으로 가슴이 답답하다. 농사를 짓던 이웃들이 하나 둘 마을을 떠날 때, 나는 그들을 이해하지 못했었다. 그런데 지금은 내가 이 곳을 떠날 것인가 아닌가, 기로에 서 있다.

공중곡예를 하듯 위태롭고 힘들었던 지난 날을 돌이켜 보며 내가 마을을 떠난 사람들에게 그랬듯이 나 스스로에게 노력 부족, 인내력과 성실성 부족을 인정해야하는 심정은 참담하다. 개인의 노력과 성실성만으로는 되지 않는 불가항력의 그 무엇이 있는 것 같다. 돛단배 하나로 헤쳐 가기에는 벅찬 거대한 물결에 떠밀리고 있다고나 할까. 이 거대한 물결의 정체는 무엇일까?

작업복 두 벌이 필요했던 결혼

축산을 하는데 있어서 기본적으로 갖추어야할 3대 요건은 3W, 즉 물(WATER), 길(WAY), 그리고 여자의 동의(WIFE)라고 한다. 외국의 경우 이 세 가지 요건 중 어느 하나라도 미비되면 농장 허가가 나오지 않는 나라도 있다고 한다. 그 중에서도 특히 중요한 것이 '여자의 동의' 라고 하는데, 아직 영세성을 벗어나지 못한 우리나라의 대다수 소규모 축산농가의 경우 이 세 가지 요건 중에 어느 것 하나도 변변히 갖추어서 시작하는 경우는 드물다.

축산을 해서 잘 살아보겠다는 강한 의지가 있다기보다는 이것저것 해봐도 별로 신통찮으니까 돼지라도 키워보겠다는 막연한 발상에서 시작하다보니 불황이나 질병이 닥쳤을 때 끝까지 이겨내지 못하고 도중하차하는 경우가 많고 또 자녀들의 교육문제나 불편한 농촌생활을 감당하지 못하고 떠나는 경우도 허다하다.

축산에 있어서 여자의 동의가 물이나 길보다 중요하다는 것은 그만큼 여자의 역할이 막대하다는 뜻이겠다. 대개는 남자들보다 더 거칠고 힘든 일을 하면서도 남편의 그늘에 가려 미미한 존재로 치부되는 축산인의 아내, 농사꾼의 아내들, 이 글은 그런 아내들의 이야기다.

한창 새마을 운동의 열기가 높았던 73년 '전남도정' 지에 '총각 돼지왕' 이라는 제목의 남편(그 때는 결혼 전이었다)에 관한 기사가 3페이지에 걸쳐 상세히 소개되었다. 돼지 6마리로 시작해서 성공적인 축산을 이끌어 가는 농촌 젊은이란 내용이었다. '대단한 사람이구나.' 하고 생각하고 있었는데 친구의 소개로 그 총각 돼지왕을 만나게 되었다. 호남 남해 고속도로가 개통되던 날 부산의 고속터미널에서였다.

친구를 통해 대강은 알고 있었지만 정작 본인이 제시한 세 가지 결혼조건 –부모님을 모실 것, 돼지를 키울 것, 농촌에서 살 것–은 나를 무척 당황하게 만들었다. 그때나 지금이나 결혼적령기의 여자들에게는 최대로 불리한 조건들이었다. 그는 축산대학을 나온 5남 1여의 장남에다 백여 두의 돼지를 손수 키우는 '일 부자' 였다. 더구나 도시와 농촌의 소득격차다 뭐다 해서 이농현상이 두드러지던 때에 편리한 도시를 버리고 농촌으로 시집간다는 것이 나로서는 대단한 모험이었다. 시부모님을 모셔야 한다는 것도 그렇고 부산과 순천이라는 지역 간의 차이는 또 어떻게 좁힐 것인가.

당사자의 인간성과 능력보다는 외적인 조건들이 더 큰 비중으로 어깨를 눌렀다. 친구나 친지들은 노골적으로 반대하고 나섰다. 그러나 고민 끝에 내가 내린 결론은 '노력해보겠다' 는 것이었고, 이 대답이 마음에 들어 남편은 내게 후한 점수를 줬다고 한다.

우리들의 결혼에는 장벽이 많았다. 그 첫째가 결혼풍습의 차이였다. 영남과 호남의 결혼풍습은 정반대다. 대개 남자 쪽에서 다 챙겨야하는 영남에 비해 '팬티만 입고 장가간다.' 는 호남의 풍습에 맞추자니 여간 힘든 것이 아니었다. 더구나 남편은 장남이어서 집안에서 거는 기대가 큰 눈치였다.

혼수품 때문에 고민도 많았으나 내가 준비한 것이라고는 책 몇 권과 재봉틀, 약간의 취사도구와 탁구대 등이 전부였다. 나는 어머니를 대신하여 삶의 지침서가 되어줄 '현대여성생활백과' 를 준비했고 다음으로 태어날 아이들에게 올바른 말과 글을 가르칠 때를 대비해서 '국어대사전' 을 준비했다. 이렇게 몇 가지 안 되는 혼수품을 준비하고, 끝으로 아무도 몰래 작업복 두 벌을 깊숙이 넣었다. 시집가는 딸이 맵시 나는 야회복도 아닌 일복을 가져간다는 사실을 어머니가 아시면 상심할 것 같아 포장된 일복을 감추는데 신경을 썼다.

스물일곱 나이에 맞은 결혼이란 편안하고 행복한 둥지를 찾아 떠나는 것이 아니라 전쟁터에 나간다는 느낌이었다. 그래서 전쟁터에 나가는 병사가 병기를 챙기듯이 작업복이 나를 지켜줄 비장의 무기로 생각되었다.

양돈견학으로 보낸 신혼여행

약간의 잡음을 감수하며 74년 10월에 결혼식을 올린 우리는 제주도로 신혼여행을 떠났다. 흩가분하고 조금은 사치스런 것으로 기대했던 신혼여행은 온종일 '이시돌목장' 의 돈사와 우사를 둘러보느라 발뒤꿈치가 벗겨져 진물이 날 지경으로 힘들었다.

대학을 졸업하고 바로 군대에 다녀와서 시작한 양돈이라 제대로 견학할 기회가 없었던 남편은 신혼여행을 아예 선진지 견학쯤으로 치부해 계획을 단단히 짜놓았던 모양이었다. 우사에 몰려있는 소를 사진 찍으러 다가간 순간, 놀라 달아나던 어떤 놈이 배설물을 쏟아내 옷이며 스타킹을 마구 더럽혔던 기억은 생각할수록 웃음이 난다.

꿈같은 신혼여행이 아니라 새로운 각오와 결심을 다지는 며칠을 보낸 뒤 나의 농촌생활은 시작되었다. 우아하게 한복 차려입고 새색시 티를 낼 여유도 없이 다음 날로 '몸빼' 를 입었다. 불이 들지 않는 좁은 부엌에서 솔가지를 꺾어 밥을 짓자니 한복은 엄두도 내지 못했다.

아침 식사가 끝나면 식구들은 각자 일터로 흩어져 점심 때가 되도록 사람의 얼굴을 대할 수 없었다. 식구는 부모님, 우리 부부, 고정인부 남녀 각 한 명씩 해서 여섯이었지만 매일 일용인부를 썼으므로 식사시간에는 대식구가 붐볐다. 산골마을 보건진료소에서 보건요원으로 근무하느라 대부분의 시간을 혼자 지냈던 지난 날에 비하면 끼니마다 잔치를 치르는 것 같았다.

무슨 일을 어떻게 해야 할지 몰라 집안청소와 식사 준비로 시간을 보냈는데 청소는 정말 시간낭비였다. 실컷 닦아놓아도 한 사람이 지나가면 부옇게 먼지가 쏟아져서 금방 더러워졌다.

십일월이 되자 고구마 캐는 일과 돼지들의 월동준비로 바빴다. 당시의 농장규모는 돈사 3동(60평)에 돼지 백여 두, 밤나무 8백여 주에 약간의 밭이 있는 정도였다. 집에서 1Km나 떨어진 밭에서 고구마를 캤다. 호미질 몇 번하고 나면 숨이 차고 땀이 쏟아졌다. 그러나 아이 머리통만한 고구마가 쑥쑥 올라오면 힘든 줄을 몰랐다. 덕분에 손바닥은 온통 물집이 생겨 쓰리고 아팠지만, 산 아래까지는 지게로 내리고 다시 리어카에 옮겨서 창고에 넣는데 꼬박 하루해가 걸렸다. 늦은 저녁을 먹고, 날이 새면 돈사의 창문에 비닐을 치고, 고구마의 저장 사료를 만들고……. 농사처럼 농한기가 있는 것도 아닌 분주한 나날이었다. 우리는 TV나 신문을 읽는 것도 잊어버렸다. 그럴 여가도 없었거니와 세상 돌아가는 일이 우리와는 별개의 것으로 보였다. 이것저것 앞뒤 가릴 여가 없이 일과 부딪치며 정신없이 하루가 지나갔다.

집안 일이 조금씩 눈에 익기 시작하자 나는 농장을 둘러보았다. 돈사에 들어가 보았더니 어미돼지 한 마리가 탯줄에 새끼를 매단 채 불안하게 어슬렁거리고 있었다.

"저어…… 새끼를 낳고 있는데 어떻게 하지예?"

곧 밟혀 죽을 것 같은 새끼가 걱정스러워 숨이 차게 달려왔는데 남편은 급한 기색도 없이 퉁명스럽게 대답했다.

"책에 써 있응께 책을 보면 될 거 아니여?"

나는 남편이 가리키는 〈양돈전서〉를 찾아들고 돈사로 달려갔다. 분만 편을 찾았다.

「……몸을 깨끗하게 닦아주고 탯줄을 자르고 '바늘이' 를 자르고……」

갓 태어난 놈들은 겁에 질려 발악을 했다. 초유가 중요하다고 해서 비틀거리는 놈에게 어미젖을 물려주었다. 일전에 남편이 새끼 받던 모습을 눈 여겨 봐둔 데다 지난 날의 내 직업 덕분으로 별 어려움 없이 새끼 받는 일을 끝낼 수 있었다. 별다른 실수 없이 일을 해내자 남편은 내게 하나씩 일거리를 맡기기 시작해 주사기 소독이며 하루 두 차례 돼지들의 건강을 확인하는 일, 예방 접종 등등이 내 일로 떠넘겨졌다.

자정까지 돼지우리에서

남편은 시내에 나가 사료며 약품 구입과 돼지 판매에 관한 일을 보았다. 15Km 떨어진 시내를 나가려면 20여 분 비포장도로를 걸어서 버스를 타야하는데 버스는 한 두 시간에 한 대씩 있었다. 시장이며 은행, 학교, 우체국 등이 시내에 있어서 시간낭비가 많았다. 자전거로 왕복 두 시간이 걸리는 비교적 가까운 거리였지만 자동차도 전화도 없던 때라 돼지 한 마리를 팔기 위해서 상인들 집을 찾아가야 하고 사료가게나 약국을 일일이 찾아다녀야 하니 남편은 거의 밖에서 시간을 보냈다.

첫나들이는 시집온 지 한달 만에야 이루어졌다. 손질이 어려운 긴 머리를 파마할 생각이었고 사소한 일용품도 구입할 것이 있었다. 공들여 길렀던 머리를 자르고 파마 기구를 감고 보니 촌 아줌마 티가 역력했다. 미장원을 나설 때는 땅거미가 지고 있었다. 다시 버스를 타고 동동걸음으로 귀가했을 때는 저녁인데도 지척이 안보이도록 깜깜했다. 첫나들이에 늦은 귀가라 무서운 줄도 모르고 어둠 속을 헤쳐 집으로 달려오니 남편이 대문 밖에 서 있었다.

분위기가 이상했다. 다른 날 같으면 저녁식사 시간이 되지도 않았는데 부엌에는 불이 꺼졌고 일하는 할머니의 모습도 보이지 않았다. 간이 졸아붙는 것 같았다. 시어른들의 방문을 열고 '다녀왔습니다.'라는 인사를 하려는데 말이 채 끝나기도 전에 시아버님의 호통이 시작되었다.

"무얼 하며 밤늦도록 돌아다니느냐, 왜 네 멋대로 돈을 쓰느냐……."

대충 그런 내용이었는데 가뜩이나 사투리가 심한 시아버님의 말씀은 의치 때문에 거의 알아들을 수가 없었다. 눈앞에서 별이 쏟아지듯 현기증이 일었다. 시집살이의 실감이 비로소 났다. 혼이 달아나버릴 것 같은 당혹스러움을 수습하고 있는데 한참 후에 들어온 남편이 속주머니에서 아직 온기가 남아있는 봉지를 건넸다. 붕어빵이었다.

저녁도 먹지 않은 나를 주려고 이웃마을까지 자전거로 달려가서 사온 것이라 했다.

남편은 다음 날로 우물을 없애고 대신 그 자리에 펌프를 설치했다. 두레박으로 한 바가지씩 퍼 올리던 물을 펌프질하니까 훨씬 수월했다. 집에서 가까운 돈사에는 이 우물물을 양동이로 날라다 돼지에게 먹였다.

매끼니 식사시중과 돈사에서의 자질구레한 치다꺼리로 하루해가 바쁘게 넘어가면 밤에는 밤대로 사료배합이며 새끼 받는 일 등으로 자정이 넘어서야 방에 들어갈 수가 있었다. 사료배합이란 사료대를 절약하기 위해 단미사료를 구입해서 우리가 직접 배합하는 것을 말한다. 보릿겨, 콩깍지, 어분 등등의 사료를 골고루 섞어서 25Kg씩 저울에 달아서 담는 것인데 모든 과정을 손으로 하자니 시간과 인력이 많이 들었다. 이런 날은 서로를 산타할아버지, 산타할머니라고 불렀다. 눈썹이며 머리에 흰눈처럼 사료가루를 뒤집어쓴 모습이 꼭 산타클로스와 닮았던 것이다.

일하는 틈틈이 나는 양돈에 관한 서적과 월간 잡지들을 읽었다. 축산에 전혀 까막눈인 내가 전문서적을 이해하는 것은 힘들었지만 현장에서의 체험이 소중한 재산이 되었다. 이렇게 식구 모두가 돼지에 매달려 일을 했지만 돼지시세가 좋지 않아 집안 분위기는 겨울 날씨처럼 싸늘했다.

죽어가던 어미돼지를 살리다

유난히 춥던 어느 날 아침, 별로 깊지도 않은 개울에 어미돼지 한 마리가 죽어있었다. 시설이 허술한 돈사를 뛰쳐나와 길을 잃고 헤매다가 언덕 아래로 미끄러져 동사한 것이었다.

며칠 후엔 애지중지하던 만삭의 어미돼지가 갑자기 배가 쑥 꺼져 있었다. 새끼를 낳았으면 새끼라도 보여야할텐데 흔적조차 없었다. 그런데 청소하려고 배수로 뚜껑을 열어보니 그 속에 열두 마리의 새끼가 죽어있었다. 밤중에 어미 배속에서 나와 비틀거리고 다니다가 돈사 바닥의 배수로에 들어가서 동사한 것이었다. 이런 일 때문에 자다가 잠이 깨거나 아침에 눈을 떠도 간밤을 무사히 넘겼을까 하고 돼지 안부가 궁금해서 돈사로 달려갔다.

돼지는 체온조절 기능이 없어서 더위와 추위에 약하다. 겨울에는 바람막이를 잘 하고 여름에는 온도를 낮추어야 한다. 여름에 새끼를 낳는 어미돼지에겐 각별한 보살핌이 필요하다. 그런데 이상하게 건강하던 어미돼지가 분만 2~3일 전부터 갑자기 단식을 시작했다. 싱싱한 고구마대와 계란 등의 특식을 대령했는데도 거들떠보지도 않는 것이었다. 그 덩치에 사흘을 굶고 새끼를 낳으니 젖 분비가 시원치 않았다. 쉽사리 회복될 기미가 보이지 않아 비슷한 날짜에 분만한 다른 어미에게 서너 마리씩 양자를 보냈다. 양자로 들어가는 새끼나 받아들이는 어미나 냄새로 서로를 알아보기 때문에 그냥 보냈다가는 제 새끼가 아니라고 물어뜯거나 쫓아버린다. 그래서 양자 보낼 어미의 똥오줌을 새끼의 몸에 발라서 보냈더니 속아 넘어가서 탈이 없었다.

새끼 문제를 해결하고 나니 중대한 결정을 내려야 했다. 자칫하면 치료비가 제 몸값을 넘어설 것이고 그렇게 되면 수고한 보람도 없이 막대한 적자를 보게 될 것이다. 어떻게든 어미돼지를 일으켜놓고야 말겠다던 나의 맹세가 점점 후회스러워졌다. 날씨는 연일 불볕더위, 코를 묶어두지 않고 링거를 꽂는데도 놈은 꿈쩍하지 않았다. 체온은 섭씨 40℃에 머물고 눈빛은 열에 들떠 몹시 고통스러운 신음이 계속됐다. 유방염과 자궁염 예방을 위해 치료제와 비콤, 아로나민 등 영양제를 주사한 지도 5일째였다.

하루 열 번도 넘게 새로운 먹이를 갖다 주며 유방마사지를 해주고 간호를 했는데도 차도가 없다. "내일 아침까지 일어나지 않으면 도축장으로 보내버릴 거다" 이렇게 중얼거리고 마지막 저녁을 차려주었는데 녀석은 내 말을 알아듣는 듯 힘겹게 눈을 몇 번 껌벅거렸다. 다음 날 아침 눈을 뜨자마자 달려가 봤더니 '최후의 만찬' 은 깨끗이 비워져 있었고 내 발자국 소리를 들은 녀석은 일어나려고 안간힘을 쓰고 있었다.

"밥맛이 돌아왔다고 한꺼번에 많이 먹으면 안 된다. 조금씩 천천히, 알았제?"

사료를 날라다주는 내 발걸음은 날듯이 가벼웠다. 그동안의 불안과 걱정이 일시에 걷혔다. 녀석은 내 성의에 보답이라도 하듯 주는 대로 먹으면서 건강을 회복했다.

나는 부지런히 돼지에 관한 책을 읽었고 밤낮으로 돈사에서 살다시피 했다. 돼지는 왜 주로 밤에 새끼를 낳을까? 춥고 긴 겨울밤을 또는 파리, 모기에 시달리면서 여름밤을 새우며 새끼를 받는 일이 자주 있었다.

추운 겨울밤 난방시설이 없는 돈사에 금방 태어난 놈을 어미 곁에 놔둘 수가 없어서 라면상자에 담아 내 방의 아랫목에다 모셔놓고 이불로 가려주면 깜박 잠이 든 사이에 이놈들은 제멋대로 기어 나와 이불자락이며 내 머리카락을 뒤적거리며 어미젖을 찾아 헤매다가 똥오줌을 갈겨놓기가 예사였다. 놀라 깨어나서 어미한테 데려다가 젖 먹여주고 다시 방으로 데려오고, 이렇게 네 댓 차례 방과 돈사를 오가다 보면 긴 겨울밤도 어느 듯 밝아오기 마련이었다. 밤에 새끼를 낳는 것을 낮으로 바꾸기 위해 여러 가지 방법을 궁리했지만 성공률이 높은 편이 아니었다. 지금은 효과 좋은 주사약이 개발되어 시간조절을 할 수 있게 됐다.

밤낮으로 새끼 받는 일도 힘들었지만 한 달에 두세 번씩 있는 출하날은 어땠는가. 마을 안 길이 좁아서 농장까지 차가 들어오지 못했으므로 마을 입구까지 돼지를 몰아내야 했다. 마치 멧돼지 사냥하듯이 네댓 명이 몰아나가지만 잽싸게 샛길로 빠져 달아나는 놈, 길바닥에 배설물을 뿌리는 놈 등등으로 한바탕 난리를 치러야 했다. 이런 날이면 우리는 동네 길 청소로 한나절을 보냈다.

남편은 돼지를 실은 차를 타고 서울로 갔다. 저녁에 출발한 차는 밤새 달려서 새벽 무렵에야 도착한다고 했다. 앞서 도착한 차례대로 돼지를 푸는데 꼬박 하루, 돼지가 많이 밀리는 날에는 이틀도 기다려야 했다.

난폭 운전에 시달리고 사료도 물도 제대로 먹지 못한 돼지는 풀기도 전에 차에서 죽는 놈이 한두 마리씩 나왔다. 순천에서 서울까지의 운임에다 이렇게 죽어버리는 놈이 나오고 운반하는 동안의 체중감량을 계산하면 손해막급이었다. 게다가 냄새나는 돼지로 도로를 더럽혔다는 명목으로 고속도로 순찰차에게 바치는 사례금도 무시 못할 지출이었다. 차라리 지방에서 중간상인에게 조금 싸게 파는 것이 훨씬 나았다. 서울까지 가야 하는 계통출하는 지방에서는 그림의 떡 같은 것이었다.

마을길이 좁아서 입는 피해는 정말 많았다. 사료가 들어오는 날도 마을 앞에다 사료를 내려놓고 차는 가버린다. 마을입구에 내려놓은 사료 한 차를 창고에 들여 놓는데 하루가 걸렸다. 비가 내리기라도 하면 사람도 사료도 비에 젖어 눈물인지 빗물인지 모를 물로 목욕을 하곤 했다.

대형화물차가 농장까지 씽씽 달릴 수 있었으면 하는 것이 우리들의 소원이었다. 때맞춰 시작된 농촌주택개량으로 초가와 슬레이트집이 헐리고 탱자나무 담장이 블록 담으로 단장될 때 마을길은 조금씩 넓어졌다. 길은 사람으로 치자면 혈관에 해당되지 않을까. 나날이 늘어나는 농산물을 감당하느라 좁은 마을길은 동맥경화를 앓는 환자의 몰골을 하고 있었다.

어느 춥던 밤, 잠결에 이상한 소리가 들려 나가보니 어미돼지가 새끼 젖 먹이느라 마당에 드러누워 와글와글 부산을 떨고 있었다. 낮에 이유 시켜서 3백 미터 이상 떨어진 곳에 떼어뒀는데 어미가 새끼 있는 곳까지 찾아와서 새끼를 불러낸 것이었다. 그 광경을 보니 이상한 전율이 전신을 타고 흘렀다. 본능이라고는 하나 우리는 이 진한 모성애에 감동하여 그 날 밤을 모자가 같이 지내게 했다. 부모가 자식을 예사로 버리고 패륜아가 늘어가는 세상에 이래서 '짐승만도 못한 사람' 이라는 말이 생겨난 것일까?

폐사율 높은 신종 전염병

겨울이 끝나고 봄이 왔다. 산골의 봄은 하늘 끝에서 오는 것 같다. 회색이던 하늘은 푸르게 빛나고 있었다. 메마른 가지에 거짓말처럼 움이 트고 산과 들은 연두 빛으로 차츰 물들어 갔다. 나날이 변모해 가는 대지처럼 내 마음도 들뜨고 있었다. 그러나 내 생활은 봄 정취에 젖어있을 만큼 한가하지가 않았다. 이웃마을에까지 돼지콜레라가 번져 초긴장 상태에서 소독과 예방 접종을 서둘러야 했다.

식사시간 외에는 돈사에서 살다시피 하며 돼지와 웃고 떠들고 젖을 먹였다. 우리는 양돈이 전업이지만 마을에서 한두 마리 부업으로 기르는 분들이 돼지가 아프다고 봐달라는 부탁을 자주 해왔다. 남편이 바쁠 때에는 내가 대신 가기도 했는데 남편 어깨너머로 배운 솜씨가 제법 효과가 있었다. 예방접종 약이 나오면 내가 약을 뽑아주고, 남편이 주사를 놓으며 마을을 한 바퀴씩 도는 것이 재미있었다.

"아이쿠 곱기도 해라"

나이 드신 할머니께서는 내 등을 쓰다듬기도 하고 상추를 한 주먹씩 싸주기도 하면서 좋아하셨다. 그들은 나를 '부산댁' 이라 불렀다.

"시상에 대처에서 팬히 지내던 사람이 요런 촌구석으로 어찌 시집올 생각을 했으까잉?"

내가 시집온 전후시기에 우리 마을에는 새댁이 한 사람도 없었다. 대신 처녀들은 마을 밖으로 시집을 갔고 직장을 찾아서 처녀도 총각도 마을을 떠났다. 마을 사람들은 도시로 빠져나간 자식들을 자랑스럽게 생각하고 있었다.

우리 마을은 양돈과 양계를 하는 몇 집을 빼고는 거의가 시설원예를 한다. 비닐하우스에서 재배한 봄배추가 시세가 폭락해서 시장에 갖고 나가도 운임도 안 나온다고 돼지 갖다 먹이라는 부탁이 여기저기서 들어왔다. 비닐하우스 병을 앓아가며 허리가 휘어지게 가꾼 배추가 돼지먹이로 전락하다니 그 분들에게는 송구스러웠으나 돼지한테는 훌륭한 녹사료요, 고급간식이었다.

애써 키운 돼지가 제 값을 받지 못하고 돈사에서 밀리기 시작했다. 가격이 떨어진 것이야 그렇다 하더라도 장사꾼들이 가져가지 않아서 큰일이었다. 애지중지 키운 놈을 턱없이 싼값으로 팔 수 없다고 남편은 돈사를 짓겠다고 했다. 팔지 못하고 밀려있는 돼지를 위해 돈사를 짓는다니 이해가 되지 않았다. 돼지 키워 사료대도 해결 못하고 외상이 쌓여 가는데 무슨 재주로 돈사를 짓겠다는 건지 얕은 여자 속으로는 불안만 쌓였다. 보리와 고구마를 짓는 둥 마는 둥 묵혀뒀던 주위의 밭 값도 밤사이에 껑충 뛰었다.

그러나 한번 결심한 남편은 다음 날로 일에 착수했다. 땅을 매입하고 건축자재를 구입하는 외에 은행에 대출담보를 제공하고 보증인의 서류를 갖추느라 여러 날이 지났다. 서류는 많기도 했다. 그런데 보증인을 구하는 일이 어려웠다. 재산세액 얼마 이상의 부동산이라야 담보가 가능하다는데 농촌의 집이나 논밭이 대체 몇 푼이나 나가는지…….

어떤 해에는 우리 집의 모든 재산이 다 저당 잡히기도 했고 공무원 몇 사람 분의 월급이 매달 은행이자, 사채이자로 지불되기도 했다. 이런 것은 그래도 참을 수 있었다. 일백여 평의 돈사 한 동을 짓기 위해서 15명 정도의 인부가 하루 다섯 차례 먹고 쉬어가며 석 달 가까이 일을 했으니 말 그대로 손끝에 물마를 날이 없었다. 아침 식사 설거지도 하기 전에 새참 준비를 해야 하는 눈 코 뜰 새 없는 나날이었다.

아침에 눈뜨면서 시작되는 먹을 것 준비는 깜깜한 밤중까지 계속되었다. 결혼 후 6년 간 10동의 돈사를 지었으니 매년 봄가을로 북새통을 치른 셈이다. 자금에 쪼들리고 일에 지치고 그야말로 하늘 볼 여가조차 없는 나날이었다. 경황 중에 부엌일을 도와주시던 할머니마저 떠나버렸다. 식구가 적고 가전제품을 갖춰야 가정부 구하기도 쉽다는데 때마다 아궁이에 불 지펴가며 새참 날라줄 가정부가 어디 있겠는가? 라디오를 사준다, 가스렌지를 쓰겠다, 전기밥솥을 쓰겠다는 둥 별별 제의를 해서 붙들어도 하루를 못 참고 가버리는 데는 애간장이 녹아내리는 듯 했다. 시장 한 번 다녀오는데도 한나절이 걸렸다. 택시비를 아끼느라 걸어오자면 전신을 누르는 장바구니의 무게에 내 조그만 몸피는 폭삭 사그라져버릴 것만 같았다.

다시 봄이 시작될 무렵 이유기의 새끼들이 눈꼽이 끼며 식욕이 떨어지더니 일주일 후에는 비틀거리며 쓰러지기 시작했다. 손 쓸 틈도 없이 2-3일이 멀다하고 자고나면 쓰러져갔다. 아침에 깨어나서 간밤에 쓰러진 새끼들의 숫자를 세고 치우는 일은 정말 못할 짓이었다. 서울 근교에서는 중장비로 돼지 시체를 매장한다고 했다. 아마 전국적으로 번지는 전염병인 듯 했다. 우리 지역의 가축 위생시험소에서는 원인을 밝혀내지 못해서 중앙의 전문연구기관에 의뢰했다.

결과는 새로운 바이러스에 의한 신종 전염병으로 높은 폐사율에다 치료불능이라는 진단이었다. 치료약이 없으니 죽어가는 모습을 지켜보는 수밖에 없었다. 농장마다 바이러스의 성질이 다르기 때문에 우리농장에 맞는 백신을 만들어야 한다고 했다. 엄청난 약품비용을 지불하고 예방약을 만들었다. 다행히 예방주사를 시작하면서 3백여 두의 손실을 끝으로 병은 고개를 수그렸다. 그러나 돈사의 절반이 비어버렸다. 질병은 어떤 불황보다도 두려운 재앙이었다.

우리는 먼지를 쓰고 보리타작을 하고 따가운 햇살 아래서 고구마 밭을 매는 것으로 답답함을 삭여야 했다. 잡초는 왜 이렇게 끈질긴 생명력으로 우리를 또 힘들게 하는지……. 우리가 필요로 하는 한 알의 고구마를 거두기 위해서는 대여섯 번 김매기를 해야 한다. 눈

깜짝할 사이 돌아보면 다시 잡초는 무성하게 자라서 키를 넘어 있곤 했다.

형식뿐인 농촌견학

초겨울부터 시작된 가뭄이 봄이 지나도록 계속되고 있었다. 대지는 풀썩거리는 먼지로 어지럽고 거북 등 같은 논바닥은 매일 신문 사회면을 장식했다. 불경기와 호경기를 번갈아 겪으면서 돼지는 8백여 두, 돈사는 10동으로 늘어났다. 가뭄이 계속되니 사람의 식수보다 돼지 먹일 물이 모자라 애가 탔다. 산에서 끌어다 쓰던 식수가 바닥이 나서 돼지에게도 물을 제한해서 먹여야했다.

식수가 부족한 판국에 돈사청소를 할 수가 없어서 질병이 번질 위험이 컸다. 곳곳에서 물꼬를 서로 잡으려고 싸움이 나고 못자리가 말라붙어서 모심기에 차질이 생긴다고 아우성이었다. 먼저 심은 벼논은 벌겋게 타들어 가는데 모를 구하지 못해 법석이었다. 옮겨 심은 고구마순도 말라 비틀어져서 흔적조차 없었다. 때마다 냇가에서 손수레로 돼지 먹일 물을 실어 나르는 일거리가 늘어났다. 드럼통에 채워서 싣고 온 물은 집에 도착하면 절반으로 줄어있었다. 우리의 '샘파기 작전' 은 1주일간 30여 명의 인부가 동원됐지만 헛수고로 끝나고 말았다. 전문지식이 없이 적당한 장소를 선택해서 팠더니 뻘만 나왔다. 다시 지하수 개발공사에 부탁했더니 네 군데 물줄기를 찾을 수 있었다. 어떤 가뭄에도 마르지 않는 지하수를 1백여 미터 떨어진 돈사까지 연결하여 물 부족을 해결했다.

그 당시 우리 마을은 모범 마을로 뽑혀 대통령 표창을 받은 뒤라 1년에 수천 명이 견학을 왔다. '선진지 견학' 이라는 허리띠를 두른 관광버스가 마을 입구에 꼬리를 물었다. '잘 살아보세' 라는 노래가 확성기를 타고 안방까지 쳐들어와서 감칠맛 나는 새벽잠을 방해하기 일쑤였다. '오늘은 ○○에서 우리 마을에 오십니다. 모두 나와서 마을 안길 청소를 합시다.' 라든가 '부인회원께서는 ○시까지 회관에 나와 우리 마을에 오신 손님을 환영해주시기 바랍니다.' 라는 광고방송도 있었다. 이런 손님은 거의 하루도 빠지지 않고 줄을 이었다. 희부옇게 동이 틀 때 일어나 사물이 보이지 않을 때까지 일에 쫓기는 사람들에게 이런 손님들이야말로 불청객이었다. 특히 잠이 모자라는 여름철에는…….

높은 분들의 부인회에서 온다하여 어느 날은 독촉이 유난히 심했다. '곧 도착할 시간이니 급히 나와 주시기 바랍니다.' 라는 재촉에 못 이겨 머리수건을 고쳐 쓰며 동네 아낙들이 나오고 있었다. 검고 억센 피부가 나이보다 열 살 정도는 더 들어 보였다. '빗질이라도 좀 하지 않고……?' 나 또래의 '혁구' 엄마에게 말을 건넸다. '거울 볼 여가가 어디 있당가?' 여자는 남에게 보이기 위해서보다 자기도취에서 화장을 한다던데 거울조차도 무용지물이었다. 허구한 날 비닐하우스 속에서 땀 흘리는데 화장을 한들 견뎌낼 수도 없는 형편이었다. 회관에 도착해보니 온다던 손님들은 거울 하나를 남겨놓고 사라지고 없었다. 기관장 부인들의 모임이라는 「○○회」라는 금박 글자가 찍힌 거울이 손님대신 황급히 달려온 우리들의 헝클어진 모습을 비춰주고 있었다.

언젠가는 해외 교포들이 버스 몇 대를 대절하여 들이 닥쳤다. 한여름이라고는 하지만 그들은 겨우 가슴만 가린 핫팬티 차림에 선글라스를 끼고 이제 네댓 살밖에 되지 않은 아이들과 유창한 영어를 주고받으며 활보하고 다녔다. 기가 막힌 것은 우리 집이 '부엌개량시범농가' 라며 부엌까지 몰려드는 인파였다. 두 평 남짓한 부엌에서 솔가지 꺾어 밥 짓기가 불편해 연탄아궁이로 고치고 부뚜막에 타일 몇 쪽 붙인 것이 전부였다. 또 우리 집은 돼지분뇨를 이용한 '메탄가스시설모범농가' 였는데 선전대로 취사는커녕 보리차 한 주전자도 끓이기 전에 화력이 다해버리는 정도였다.

농장의 소독시설이 갖춰지지 않았고 돈사 입구의 통제가 지켜지지 않아서 이 많은 방문객들은 돈사 내를 마음대로 드나들었다. 더구나 우리 농장이 마을의 소유인양 잘못 알려져서 우리에게 양해를 구하는 일도 없이 마구 드나들었다. 돈사 바닥에 침을 뱉거나 코를 푸는 사람, 손수건으로 코를 막고 다니는 사람도 많았다. 방역문제가 심각했다. 소독발판을 준비해둬도 이것을 이용하는 사람은 드물었다.

방문객들은 마당에 만발한 꽃을 보며 탄성을 질렀다.

「아아, 이렇게 공기 좋고 경치 좋은 곳에서 살면 얼마나 행복할까? 구태여 서울에서 살 필요가 뭐 있어? 나도 이런데 와서 돼지나 키우며 살까?」

도회지 신사들 눈에는 좋은 것만 보이는 모양이었다. 행복은 어떻게 생겼을까? 남들은 깨가 쏟아진다는 신혼시절을 새끼돼지 똥오줌으로 이불자락 적셔가며 지낸 새색시도 있을까? 집 구석구석을 휩쓸고 간 방문객들의 치다꺼리로 몸은 천근이나 무거운데 창문을 기웃거리는 달그림자는 내 마음을 아는지 밤잠을 뺏어갔다.

못 사는 모습만 부각시킨 농촌 홍보

농촌진흥청에서 식생활개선을 위한 지도를 나온다고 했다. 식생활개선이야말로 농촌주부들의 가장 현실적인 문제가 아닌가. 들일, 집안일 하다가도 식사시간이면 지체 없이 밥상을 대령해야하는 반찬의 가짓수는 얼마이며 그 번거로움은 이루 말 할 수 없었다. 웬만해서는 종일 부엌에서 한 발짝도 나서지도 못 하는 것이다. 이런 번거로움에서 풀려날 수 있는 해답을 가지고 올 것이라는 기대에 그들이 내심 기다려졌다.

마을에 도착한 진흥청의 사람들은 토끼요리 보급을 위한 문화영화를 찍는다고 했다. 단백질이 부족하기 쉬운 농촌사람들에게 토끼고기를 권장하기 위해서란다. 나는 얼떨결에 모델이 되어 10분짜리 영화를 찍게 되었다. 우리 마을의 한 청년이 토끼를 사육하고 있었는데 그 집이 촬영장이었다.

평상시의 차림으로 와 달라는 주문대로 나는 입던 옷 그대로 갔다.

걱정했던 모델을 쉽게 구했다고 안도의 숨을 쉬던 사람들은 금방 내 차림을 불평하기 시작했다. 옷 색깔이 왜 그렇게 곱냐, 그 신은 또 슬리퍼가 뭐냐, 운동화를 신어라. 머리는 검은 수건으로 묶어야겠다고 사사건건 지적했다. 농촌은 가난에 허덕이고 있다는 것을 보여줘야 한다고 강조했다. 그래서 옷 색깔도 검정 아니면 감색이어야 한다는 것이었다.

이상한 생각이 들었다. 농촌사람을 마치 미개인 대하듯 하는 그 사람들이 내 눈에는 한없이 낯설게 느껴졌다. 우리가 같은 나라 국민이라는 사실이 믿어지질 않았다. 나는 알 수 없는 울분을 누르며 나무막대기처럼 시키는 대로 동작을 했다. 토끼는 번식력이 강하고 기르기 쉽다지만 기호성이 떨어지는 점은 어떻게 되는지 괜히 걱정스러웠다. 단백질이라면 사실 돼지고기 이상 또 있을까? 싸디싼 돼지고기조차 마음 놓고 먹지 못하는 형편인데……. 들에서 토끼풀을 뜯어다주는 장면, 토끼를 잡아서 요리하는 장면 등 팔자에 없는 배우 노릇으로 영화를 찍으면서도 머리 속에서는 돼지 걱정이 떠나지 않았다. 영화의 주인공이 토끼가 아니고 돼지라면 얼마나 좋을까…….

나는 곧 영화를 찍었던 일을 까맣게 잊어버렸다. 몇 개월이 지난 뒤, 장바닥에서 만난 이웃 마을의 부인이 자기 마을에서 상영한 토끼 영화를 보았다고 일러주었다. 나는 그 영화를 본 적이 없다. 그리고 여태껏 토끼요리를 먹는 이웃을 보지 못했다.

우리 마을이 국내에서만 이름을 날리는 게 아니라 외국에까지 소개되는 기회가 왔다. 「국제홍보협회」라는 곳에서 사람들이 내려와서 해외 5개국 홍보용 책자에 우리 부부의 하루일과가 중점적으로 소개될 것이라 했다. 어떻게 우리가 뽑혔는지 자세한 내막은 우리도 알지 못했다. 변변하지 못한 일상인데 내놓을 것이 무엇 있는지 덜컥 겁이 났다.

아침에 눈떠서부터 밤잠자리에 들 때까지 카메라가 뒤쫓아 다녔다. 탁구 치면서 휴식하는 장면을 찍기로 했는데 먼지가 수북이 쌓인 탁구대를 닦고 보니 탁구공이 하나도 없었다. 궁리 끝에 계란으로 대신하기로 했지만 계란을 구하는 일이 또 쉽지 않았다. 몇 집을 돌아다니다가 금방 알 낳고 나오는 암탉의 둥지에서 겨우 계란 하나를 구할 수 있었다. 계란을 탁구공처럼 쥐고 서브하는 장면을 찍었는데 폼이 나쁘다고 몇 번이나 고쳐 찍었다. 그도 그럴 것이 나는 탁구를 쳐본 경험이 없기 때문이다. 내가 혼수품으로 해온 탁구대는 가족들의 휴식시간을 위해서였지만, 오는 날부터 먼지를 쓴 채 창고 구석에서 잠자고 있었던 것이다.

우리 마을의 주생산품인 오이 따는 장면도 찍었다. 30℃가 넘는 비닐하우스 속에서 주렁주렁 열린 오이순을 지주에 붙들어 매는 장면이었다. 못 사는 농촌의 표정을 의도적으로 부각시키기 위해 애쓰던 예전의 토끼영화 촬영 팀이 생각나서 나는 어느 장단에 발을 맞춰야 할지 그저 멍청하게 서 있었다.

그런 내 마음을 아는지 모르는지 기사 아저씨는 짜증스런 어조로 말했다.

'왜 그렇게 표정이 딱딱할까? 부드럽게 좀 웃어 봐요. 탤런트 한혜

숙 있잖아, 거 한혜숙이가 잘 짓는 고상하면서도 미래지향적인, 그러면서도 행복에 겨운 미소 있잖아요. 왜 그게 그렇게 어렵나요?'

아저씨는 끈덕지게 고상한 미소를 주문했다. 숨쉬기조차 고통스러운 고온의 비닐하우스 속에서 나는 그 〈미래지향적인〉 미소를 짓느라 뻣뻣해진 얼굴 근육 때문에 며칠이나 고역을 치러야 했다.

주먹구구식 수입으로 돼지고기 값 파동

77년 첫 날에 돼지꿈을 꿨는데 그것이 태몽이었던지 그 해 9월에 첫 아들을 낳았다. 귀찮고 힘에 겹기만 하던 일들이 아무리 해도 싫증나지 않고 즐거웠다. 엄마에게 무궁무진한 용기를 주는 것은 아기가 아닐까? 돼지농장에 시집온 지 3년이 지나도록 매일 수백 마리의 돼지를 보며 살았어도 돼지꿈을 꾼 것은 그때가 처음이자 마지막이었다.

열 마리의 새끼돼지가 더러운 웅덩이에 빠져 질식해 있었다. 그것도 잡종이나 보통 돼지가 아니고 귀한 순종이었다. 그 놈들을 건져내어 인공호흡을 시켰다. 사람에게 하듯이 깨끗한 헝겊을 놓고 코로 공기를 불어넣었더니 열 마리의 새끼돼지는 거짓말 같이 생기를 찾고 깨어났다. 꿈 덕분이었는지, 아들이 가져다 준 행운인지 그 해는 모든 것이 순조로웠다. 그야말로 만사형통이라고 해야 할까. 연말에 전화가 개통되고 자동차를 구입했다. 경기가 계속 좋아서 그동안의 사채도 정리할 수 있었다.

돼지 값이 오르자 새끼돼지를 찾는 사람이 늘어났다. 정육점에서는 돼지고기가 없어서 못 팔고 돼지 값은 하늘 높은 줄 모르고 치솟았다. 급기야 정부에서는 돼지고기 수입을 발표했다. 돈가 안정이라는 그럴듯한 이유였다. 수입 돼지고기가 싼값으로 시장에 나오면서 안정을 찾은 생산지 돼지 값은 불과 몇 개월 사이에 내리막길을 걷게 되었다. 돼지는 소와 달라서 생후 6개월이면 출하가 가능하고 한번에 낳는 새끼 숫자가 많기 때문에 그동안 늘어난 숫자는 사육 적정두수의 배에 가까웠다고 한다.

댓바람에 수입한 돼지고기는 발등의 불을 끄는 식이어서 수입을 주관했던 정부나 축산농가 모두 예상하지 못했던 엄청난 결과를 가져왔다. 돈가가 생산비를 밑도나 했더니 어느새 절반으로 떨어져버렸다. 불과 서너 달 전에 앞 다퉈 사가던 상인들의 발길이 끊어지고 돈사에는 돼지가 밀리기 시작했다. 비싼 사료를 사 먹이지 못해 굶어죽는 놈도 있었고 강물에 돼지를 내다버린다는 보도가 나오더니 멀쩡하게 살아있는 돼지를 거름으로 묻어버린다고도 했다. 그런데도 수입고기는 몇 만 톤씩이나 썩어간다는 소문이 들렸다. 우리는 하루에 세 번 주던 사료를 절반으로 줄여서 사료비를 조금이라도 줄이기로 했다. 양을 줄여주니까 배고픔을 참지 못한 돼지들은 멱따는 소리를 지르며 아우성쳤다.

돼지 파동이 심각해지자 정부에서는 주요 도시에서 수매를 받는다는 대책을 내놨다. 새벽부터 서둘러 돼지를 싣고 광주엘 가면 앞서

도착한 차들이 즐비하게 차례를 기다리고 있었다. 생산비의 절반 값에 내주는데도 대금은 제 때에 나오지 않았다. 더욱 속이 상하는 것은 생산자들이 헐값으로 내다버리듯 하는 돼지를 정육점에서는 비쌀 때와 차이 없는 가격으로 소비자에게 파는 것이었다. 생산자와 소비자가 같이 피해를 보는 셈이었다.

주위의 양돈농가들이 더 버티지 못하고 빚더미 위에 쓰러져갔다. 사채를 정리했다고 기뻐한 것도 한 순간, 다시 사료비를 빚내기 시작했다. 나는 이러다가 농장 문을 닫는 게 아닐까 하는 불안감에 사로잡혔다. 규모가 커진 만큼 적자의 폭도 컸고 회복의 기미는 보이지 않았다. 직업전환을 해야 할지 언제까지 버틸 것인지 막막했다. 아는 것이라고는 돼지뿐인데 직업전환을 한다 해도 무엇을 할 수 있을는지……. 날만 새면 사방에서 안부전화가 걸려왔다. 돼지 값 오른다는 소식이 제일 반갑다고 기뻐해 주던 친지들은 시세 따라 풀죽은 음성으로 위로하기에 바빴다. 그러나 많은 사람들의 염려에도 정작 우리의 용기 있는 돼지 왕은 기죽지 않았다. 곧 좋아질 거라며 되레 그들을 위로하고 있었다.

2년 가까이 끌어온 불황은 웬만한 양돈 농가를 KO 시킨 채 서서히 회복되기 시작했다. 시세가 내린다하면 너도나도 조기 방매하여 시세하락을 부채질하고 시세가 회복되기 시작할 때는 그 전의 방매로 인한 사육두수 부족이 크게 작용하여 폭등하는 결과를 빚는다. 이렇게 오르락내리락 하는 돼지 주기는 축산업이 발달한 나라에도 있다는데 그 폭이 우리나라처럼 크지는 않고 호황기에 정부와 협회, 사육

농가가 기금을 적립해뒀다가 불황에 보조해주는 제도가 정착되어 있다고 한다.

농축산물은 공장에서 찍혀 나오는 기계의 부속품과는 달라서 정확한 양을 예측하기에는 많은 어려움이 있을 것이다. 그러나 주먹구구식으로 당장 부족하다고 잽싸게 수입해오는 식의 안일한 태도는 고쳐야한다. 농촌에서는 생업의 터전이 뿌리째 흔들려 갈팡질팡하는데 수입을 주도했던 부서의 책임자는 물가를 안정시켰다는 공로로 생색내고 있어서야 되겠는가.

79년 농촌주택개량 시기에 일백오십 만원의 융자를 받아 25평 입식주택을 지어 눈물 밥 짓던 고충을 해결했다. 특히 부엌과 실내 화장실에 신경을 썼다. 새 집은 그때 권장하던 기름난방이었는데 집을 짓자마자 기름파동이 와서 1년을 이사를 못했다. 부엌 일손을 도와줄 사람이 따로 없어도 되도록 가스렌지며 전자제품도 갖추었다.

꼭두각시로 만든 두 개의 상

81년 12월 나는 운전면허증을 땄다. 이미 4년 전부터 운전을 했던 남편이 적극적으로 권유했다. 자전거 소리에도 놀라 움츠리는 내가 운전을 하기로 결심했던 것은 바쁜 남편을 기사로 모시는 것도 불편했고 영업용 택시를 이용하기도 힘들었던 때문이다. 무거운 시장바구니 들고 버스를 타는 것은 더더욱 못할 짓이었다. 3주일을 꼬박 매달려 마침내 면허증을 땄다.

내가 탄 차는 1톤짜리 화물차로 내가 이 화물차를 끌고 나가면 동네아저씨들은 '운전하기가 저렇게 쉬운 것일까?' 하고 고개를 갸웃거렸고 동네 부인들은 자기들도 도전해 보겠다고 의욕을 보였다. 나를 '부산댁' 이라 불러주던 할머니는 내가 차를 몰고 지나갈 때마다 엄지손가락을 펴 보이며 한마디씩 하셨다.

"워매, 차가 참 어리석기도 하당게. 저 쬐깐한 여자가 가자는 대로 가니께 말이여잉."

화물차 덕분에 마을에 응급환자가 생기면 즉각 수송할 수도 있는데다, 언제 어느 곳에라도 갈 수 있어서 생활이 훨씬 안정되었다. 돼지를 키워서 자가용 화물차를 타고 다니다니……. 차를 탈 때마다 돼지에 대한 고마움이 되살아났다.

80년 5월 중순이었다. 갑자기 시내의 진입로에 모래자루가 쌓이고 총을 멘 군인들이 오가는 차량들을 검문하기 시작했다. TV나 신문에서는 광주에서 무슨 폭동이 일어났다고 했다. 곧 순천으로 쳐들어올지도 모른다고 사람들은 불안해했다.

부산에 있는 사료공장에서는 사료가 공급되지 않았다. 우리는 사료공장에서 직접 사료를 가져왔는데 부산에서 출발한 사료차가 섬진강에서 되돌아간다고 했다. 돼지가 한두 마리도 아니고 사흘이 멀다고 들어오던 사료가 끊기니 눈앞이 캄캄했다. 돼지에게 갑자기 사료를 바꿔주면 잘 크지 않고 다른 장애가 많이 생기지만 종류를 불문하고 시내 사료가게의 사료를 있는 대로 사들이고 사람 먹을 식량도

사들였다. 식구가 20여 명이나 되어서 사람이며 돼지가 먹어대는 양이 엄청났다. 가게마다 식료품을 사 나르는 사람들로 붐볐다. 며칠 지나지 않아서 끊겼던 사료는 정상적으로 들어왔지만 그 후유증은 오랫동안 계속되었다.

84년은 결혼 10년이 되는 해다. 옛날처럼 눈 코 뜰 새 없이 일에 쫓기며 시행착오를 거듭하지는 않게 됐다. 아침에 그 날 일을 계획하고 일주일마다 평가했다. 10년째 우리 집에서 숙식하며 돼지를 돌보는 관리인은 세 명이나 된다. 많은 사람이 좋은 일자리를 찾아 철새처럼 옮겨 다니는 세태에 보기 드물게 성실한 젊은이들이다.

10년 세월을 돼지와 더불어 생활하다보니 돼지의 언어를 알아듣게 됐다. 아침에 돈사에 들어가면 돼지가 인사를 한다. 어미가 새끼에게, 새끼가 어미에게도 인사를 한다. 돼지는 그저 꿀꿀거릴 뿐인데 기분의 좋고 나쁨과 원하는 것까지도 알아챘다. 눈빛만 보고도 그 정도는 알 수 있다.

10년이면 강산이 변한다는 말이 새삼스럽게 실감났다. 10년 동안 우리가 겪었던 변화는 강산이 몇 번이나 변하고도 남을 만했다. 두 사람이 비켜 가기에도 비좁던 밭둑이 시멘트 포장도로로 바뀌었고 묵혀뒀던 박토에는 돼지 호텔이 들어섰다. 만삭의 몸으로 새끼 받던 일도 감회가 새롭고 돈사에서 걸음마를 배운 두 아이가 건강하게 자라는 것도 큰 기쁨이었다.

결혼 10주년을 기념이라도 하듯 두 개의 상도 받았다. 하나는 농수산부장관 표창이었고 하나는 농업기술협회에서 주는 '제24회 본상'

이었다. 그 시절의 상이란 그리 자랑스러운 것은 아니었다. 일부에서는 상이 남발되고 있는 것을 우려하는 목소리도 들렸다. 대통령 표창이 돈으로 거래된다는 사실도 공공연한 비밀이라고 했다. 장관의 표창 패를 지방 관청의 말단 공무원이 우리 집에 와서 전해주고 갔다. 세종문화회관에서 화려하게 거행된 농업기술상 수상식과는 대조적이었다. 공적조서를 쓰고 현지 확인반이 내려왔을 때까지도 그것이 어떤 상인지 나는 몰랐다. 세종문화회관 대강당을 꽉 메운 관중 앞에서 상을 받을 때는 그 으리으리한 분위기에 압도당하여 숨도 제대로 쉴 수가 없었다. 그것도 행사장의 꽃이라고 할 수 있는 '본상' 이었으니 더 말해서 무엇 하랴.

TV와 신문에 나간다고 인터뷰도 했다. 돼지 키워서 이런 상도 받게 되다니 상상할 수도 없는 일이었다. 시상식 준비로 꼬박 사흘을 서울에서 머물렀다. 부상으로는 '일주일간의 일본견학' 이 준비되어 있다고 했다. 남편 덕분에 일본을 가게 되었다고 주위에 자랑도 하고 들뜬 마음으로 준비를 서둘렀는데 예정된 4월이 지났는데도 아무 연락이 없었다.

궁금증을 참지 못하고 협회에다 전화를 했더니 책임자의 대답인즉 '못 살지도 않으면서 그까짓 상에 연연하느냐' 는 것이었다. 화려했던 식장의 분위기와는 달리 그 직원은 농담조로 얼버무렸다. 나는 식장을 꽉 메운 사람들 앞에서 꼭두각시처럼 놀아났다는 불쾌감을 이제까지도 지울 수 없다. 84년 발행된 농업기술자 협회의 '영농일지' 에는 이런 구절이 나와 있다.

"……그리하여 제 24회 농업기술상은…… 수상자에게는 7박 8일의 해외연수시찰의 특전이 부여되었다……."

폐수 위해 조성한 초지가 주민들에게 피해

85년을 고비로 수십 명의 목숨을 앗아갔던 '소 파동'은 아직도 우리의 기억에 생생하다. 쇠고기 값의 폭등을 막겠다고 수입 쇠고기와 수입 송아지를 대량으로 들여와 농가에 입식권장을 했던 것이 농가부채액수를 높였고 소중한 목숨을 죽음으로 내몰았던 사건이다. 대통령의 측근이 새마을사업으로 농민들에게 선심 쓰듯 추진했다는 이 사건의 전모는 수십 명의 목숨을 빼앗고 일백만 양축농가의 경제를 쑥밭으로 짓밟은 한참 뒤에야 밝혀졌다. 농민의 사활이 걸린 일국의 농정이 농업과는 무관한 관변의 세도가에 의해서 이루어졌다니……. 목매어 자살하고 싶은 농민이 어디 수십 명뿐일까? 이번에는 소 값 안정을 위해 들여온 수입쇠고기가 소 값 안정은 못 시키고 돼지시세를 떨어뜨리는데 한몫을 하고 있다.

불황이 계속되고 있는 중에 엎친 데 덮친 격으로 농장폐수가 환경오염의 주범으로 몰려 이웃의 축산업자들이 구속되는 사례가 늘어나고 있었다. 우리는 그동안 S자 정화시설과 주위의 논밭을 이용해서 폐수처리를 해왔는데 온전한 방법은 못 되었다. 표준설계도에 의한 폐수처리시설은 막대한 시설비와 운용비가 들어 감히 엄두도 못

낼 형편이었다. 마을에 인접한 지금의 이곳은 양돈장으로는 부적합하다고 옮겨갈 부지를 마련해뒀지만 막대한 시설투자와 아이들의 교육문제에 부딪쳐 이 역시 엄두를 못 내고 진퇴양난에 빠진 꼴이다.

축산폐기물 관리법이 제정되어 87년 7월부터 효력을 발생한다는 시한에 쫓기며 우리가 선택한 방법은 초지를 조성하는 것이었다. 사육두수에 맞는 초지를 만들어 폐수를 이용하면 일석이조의 효과가 있다는 것이었다. 포크레인이 40여 일간이나 동원되고 수백 명의 인부가 동원되어 잔디를 심었다. 겨우 작업을 끝냈더니 1주일 만에 태풍 '셀마호' 가 닥쳤다. 새로 낸 길이 다져지기도 전에 폭우가 쏟아진 것이다. 엄청난 양의 빗물이 골짜기로 흘러내려 산사태가 나서 골짜기 아래의 논밭을 흙탕물로 뒤엎어버렸다. 산 속으로 낸 1Km의 도로가 곳곳에 산사태를 냈으니 씻겨 내려온 흙탕물의 양이 엄청났다.

법이 정하는 폐수처리를 해서 주위에 피해를 주지 않기 위해 길을 냈던 것이 본의 아니게 엉뚱한 주민들에게 피해를 입히고 만 꼴이었다. 어떤 사람들은 매일 찾아와서 피해보상을 해주지 않으면 고소를 하겠다고 위협했고 어떤 사람들은 논밭의 흙탕물을 산사태 이전의 상태로 복구해달라는 요구를 했다. 나머지 몇 사람은 아예 산사태 입은 땅을 매입해달라고 야단이었다. 이런저런 요구를 안 들어 줄 수도 없고 들어주자니 비용은 모두 빚으로 쌓였다. 사면초가였다. 셀마호의 후유증을 복구하는 것보다 우리들 마음의 상처를 치료하는 것이 더 급한 일이었다.

87년 11월 나는 대한양돈협회에서 주관한 '북미양돈연수단' 의 일원으로 캐나다와 미국을 다녀왔다. 이 여행은 원래 남편이 가기로 했던 것인데 남편이 내게 양보를 했다. 계속되고 있는 불경기와 돼지 질병 등으로 업계가 신음하는 이때에 여자가 한가하게 해외나들이라니 용기가 나지 않았는데 '여자가 보는 시야가 다를 테니 많은 것을 보고 오라' 며 남편은 적극 권했다. 불경기를 감안해서 관광 일정이 취소되고 농장견학을 최대한으로 늘린다는 협회의 방침대로 이웃 마을 다녀오듯 갈아입을 두세 벌의 옷과 방한용 잠바 하나만 준비했다.

떠나는 날, 여수 비행장에서 남편은 공식 경비 외에 돈 20만원을 쥐어주었다.

"돼지 다섯 마리 값이오, 꼭 필요한 데 쓰도록. 건강하고 즐거운 여행이기를 바라오."

나는 굳이 돈이 필요할 것 같지 않아서 받지 않겠다고 우겼는데 남편은 그 돈을 내 손에 쥐어주고야 돌아섰다. 돼지 다섯 마리 값이라는 남편의 말은 굵은 옹이가 박힌 투박한 손의 감촉과 함께 여행하는 동안 내내 내 마음에 남아있었다.

여행이란 목적 없이 가볍게 떠나야 제 맛일 텐데 돼지 파동 탓인지 몸도 마음도 무겁기만 했다. 이번 여행을 통해 어떤 해답을 얻을 수 있을지, 폐수처리에 관한 묘안이 나올지 내심 기대하는 것이 컸다.

축산이 대를 잇는 생업이 될 수 있어야

캐나다는 우리나라의 중요한 종돈 수입국으로 2년 전에 우리도 캐나다산 종돈을 수입한 적이 있어서 관심이 컸다. 우리는 모두 5군데의 농장을 방문했다. 돼지 사육규모는 우리와 비슷했으나 농장 면적은 가히 비교가 되지 않았고 관리인을 쓰는 우리와는 달리 대부분이 가족끼리 경영하고 있었다. 우리네가 겨우 넓어야 몇 만 평인데 비해 최하 10만 평을 넘어서는 규모였다.

우리가 갔던 한 농장은 무려 1억 2천만 평의 면적에서 우리 집과 같은 숫자의 돼지를 키우고 있었다. 인접한 농장을 가기 위해 차로 한두 시간을 달려야하니 방역 또한 걱정이 없었다. 끝이 보이지 않는 광활한 농토에 콩, 보리, 옥수수 등 필요한 작물을 심어서 자가 배합기로 사료를 만든다. 돼지고기 생산원가의 70%를 차지하는 사료문제를 해결함은 물론 농작물 수입이 만만치 않았다. 게다가 이 모든 과정이 기계화가 되어서 가족들끼리 해내고 있었다. 농장 폐수는 농토를 기름지게 하는 훌륭한 비료였다. 자나 깨나 폐수 걱정으로 불안한 나날을 보내고 있는 우리네에 비하면 폐수라는 단어조차 모르고 사는 그곳 사람들이 한없이 부러웠다. 나는 양해를 구하고 부엌과 목욕탕 등 집의 구석구석을 둘러보았다.

아무래도 나의 관심거리는 부엌과 목욕시설이었다. 대형 냉동실과 냉장고, 세탁기, 건조기가 들어찬 부엌과 욕실은 어느 집이나 비슷했다. 시장은 일주일에 한 번 아니면 한 달에 한 번 간다고 했다.

수퍼마켓에 부위별로 다양하게 포장된 식품들이 주부의 일손을 덜어주었다. 물론 식성 따라 선택의 폭이 넓고 어느 곳에서나 쉽게 구할 수 있어서 먹는 것 준비하는데 우리들처럼 많은 시간을 뺏기지는 않는 것 같았다.

바깥은 진눈깨비가 흩날리는 영하의 날씨인데도 실내는 여름처럼 따뜻했다. 전력과 천연가스가 남아도는 나라답게 농촌의 오지 어느 구석에도 도회지와 마찬가지로 연료는 공평하게 공급되고 있었다. 차량 통행이 거의 없는 농촌인데도 왕복 6차선의 도로에는 염화칼슘이 뿌려져 빙판길의 안전운행을 돕고 있었다.

첫 방문한 농장은 '디트리치' 라는 이름의 가족농장이었다. 부인은 주 4일간 1일에 1시간 반씩 농장에서 일한다고 했다. 세 아이의 엄마로서 농장에서 일하지 않는 2일은 하루 다섯 시간씩 양로원의 할머니 할아버지들의 머리를 손질해주고 농외소득을 올린다는 것이었다.

다음은 부부와 아들딸이 직접 일하는 '랄렌' 씨 댁으로 갔다. 50대 초반의 그 댁 안주인은 그 지역 양돈협회부회장에다 전국양돈협회 이사 직함을 가지고 양돈농가의 권익을 위해 분주히 뛰고 있었다. 남편과 아들딸이 사료를 허옇게 뒤집어 쓴 청바지 차림으로 우리를 맞아주었다. 그 농장에는 자가용 승용차가 5대, 오토바이 2대, 트랙터며 콤바인 등의 장비가 어느 정비공장 못지않게 갖춰져 있었다. 그 농장의 관리기록을 살펴보니 우리 집과 비슷하거나 우리가 우위인 것도 있어서 자신이 생겼다.

미국 양돈협회 본부에서는 다섯 명의 대표를 의회에 상주시켜 정책입안에 영향력을 행사하거나 양돈농가의 권익을 위해서 로비활동을 하도록 뒷받침한다고 했다. 문득 엉뚱한 생각이 떠올랐다. '저를 국회로 보내주신다면 이 고장 특성에 맞는 농촌문제연구소를 세워 복지 농촌을 만들겠습니다.' 라고 외치던 우리의 의원님께서는 지금 어디서 무얼 하시는지 소식이 궁금했다. 시설과 기술면에서 조금도 손색이 없는 우리가 왜 연례행사처럼 파동을 겪어야하는지……. 해답을 얻기는커녕 심한 허탈감에 빠졌다.

우리가 앉아서 대화를 나누었던 의자는 돼지가죽으로 만든 것이라고 했다. 그래서 그런지 유난히 편안하고 부드러웠다. 캐나다에서 만난 한 가축회사 사장은 돼지가죽 양복을 입었다고 자랑하기도 했다. 그만큼 제품이 잘 발달되어 있었다. 나는 우리의 이 좁은 땅덩어리에서도 축산이 대를 이어가는 생업이 될 수 있었으면 하는 바람을 안고 돌아왔다.

방학 때에는 실습생들 붐벼

88년 여름에 반가운 손님이 찾아왔다. 시집온 후 처음 2년간을 같이 일했던 이씨였다. 어려운 시기에 열심히 도와줬고 한솥밥을 먹었던 만큼 반가움은 말할 수 없었다. 이씨는 돼지에게 사람처럼 이름을 붙여주고 사람에게 하듯 이름을 불렀다. 암놈에게는 갑순이 을순이,

수놈은 갑식이 을식이 병식이라고 불렀다. 사료를 줄 때는 '야, 갑식아 밥 먹자' 라며 사료를 한 바가지 퍼주었다. 이씨는 돼지를 옮길 때에는 돼지 등에 타고 다니기도 했다. 그는 '나 장가갈 때는 돼지 등에 앉아서 갈라요' 라고 말하곤 했다.

이씨는 저녁밥을 먹고는 지성스럽게 목욕을 했다. 가마솥에 솔가지를 지펴 한 솥씩 물을 끓여서 머리 감고 목욕하고 밤마실을 잘도 다녔다. 마을에서 제일 예쁜 색시를 얻겠다는 것이었다. 그런데 화장품이며 초콜릿을 사다 바치며 공들였던 아가씨가 하루는 행방불명이 되었다. 시골구석이 싫다고 무작정 상경을 했다는 소문이 파다했다. 결국 결혼식 날 돼지 한 마리 잡아 동네 잔치하겠다던 이씨도 얼마 못 가 떠나고 말았다.

우리 농장의 초창기 개척시대에 공이 크다고 남편은 그를 개국공신이라 불렀다. 이씨가 떠난 뒤로 우리는 그만한 사람을 만나지 못했다. 돼지는 생물이라 손이 바뀔 때마다 스트레스를 심하게 받는다. 돼지가 스트레스를 받으면 크지도 않을뿐더러 육질도 떨어져서 맛이 없다. 돼지 기르는 일은 아무나 할 수 있는 일은 아니다. 취미도 있어야 하고 무엇보다도 애축심이 가장 필요하다. 돼지는 우리가 알고 있듯 더러운 짐승이 아니다. 난이나 관상식물처럼 애정 어린 눈길을 받으며 자란다. 흥겨운 음악이나 쾌적한 분위기에서 성장이 빠르다는 것쯤이야 이미 다 알려진 사실이다. 시력은 색맹이지만 진자리 마른자리를 구별할 줄 알고 지능지수도 40은 된다.

우리는 인근의 농업고교에 장학금을 내고 실습생을 받았다. 방학을 이용해서 실습을 하고 희망자에 한해서 졸업 후 취업을 하게 하는 것이다. 그래서 우리 집은 방학만 되면 실습생들로 북새통을 이룬다. 인성이 착하고 성실한 학생들이 더러 취업을 희망해서 한동안은 인력난을 해소할 수 있었다. 그러나 언제부터인가 희망자가 줄어들기 시작했다. 지난해에는 40여 명의 실습생이 여름방학에 다녀갔는데도 단 한 사람의 희망자도 없었다. 어떤 학생들은 실습 나온 기간에도 열관리기능사 시험 준비를 하거나 다른 직장을 뚫으려 부지런히 오갔다.

몇 달간 일을 배워서 독립선언을 하는 사람도 있다. 그러나 기술을 조금 익혔다고 자부심에 들떴다가도 얼마 안 있어 풀이 죽어 돌아오는 경우가 많았다. 관리기술 외에도 사료, 약품 구입 등등 혼자 감당하기에 벅찬 현실적인 문제에 부딪쳐 손을 들고 마는 것이다. 이웃에 제철회사가 들어서면서 인력난은 가중되었다. 별다른 기술 없이도 아침저녁 통근버스 타고 말쑥한 차림으로 출퇴근하는 것이 선망의 대상이 되는가 보다. 일당인부로라도 출퇴근을 하게 되면 우선 혼인 발이 선다고 했다.

실습생이 오면 우리는 매일 실습일지를 쓰게 했는데 그 중에 제일 많은 불만사항은 '매일 청소하고 똥만 치게 한다.' 는 것이었다. 이 대목은 실습담당 선생님도 마찬가지 의견이었다. '고차원적인 정신노동을 시켜 달라.' 는 것이다. 그러나 돼지에게 중요한 것은 청결, 온난, 건조 이 세 가지다. 눈빛만 보고도 건강상태를 파악할 수 있으려면 부지런히 청소하며 돼지와 가까워지는 외에 지름길은 없다.

밤도 낮으로 알고 일하던 그 시절이었는데 지금은 오후 6시에 작업이 끝난다. 기름보일러에 샤워시설이 갖춰져 있고 공차기 게임도, 바둑도 취향대로 즐긴다. 격세지감을 느낀다.

신도시 건설로 삶의 터전 박탈당한 축산인

우리는 '개국공신' 이씨를 모시고 돼지삼겹살 전문식당으로 갔다. 식사 때면 앉을 자리가 없도록 만원이던 식당은 한산했다. '이상구 박사의 건강학' 이 텔레비전 방송으로 나간 뒤 즉각 나타난 현상이었다.

"……여러분 돼지고기 잡수시지 마세요. 대단히 해롭습니다……."

돼지고기가 사약이라도 되는 것처럼 심각하고도 정중한 어조로 그의 강연은 계속되었다. 우리는 그날 가족이 한자리에 모여 앉아서 TV방송을 봤는데 순간 나도 모르게 가슴이 쿵하고 내려앉았다.

"저런저런 아빠, 큰일이잖아요?" 하고 열한 살 난 아들이 소리쳤다.

우리 가족 모두는 불길한 예감에 싸였다. 그것은 오랜 생활에서 체득한 직감 같은 것이었다. 예상은 적중했다. 방송 다음 날로 돼지가격은 20%가 곤두박질했다. 세치 혀가 칼보다 무섭다더니 TV를 통해 나오는 그의 말은 어떤 완력보다도 드세게 우리들의 목을 조여 왔다. 지극히 부드러운 미소를 띠고 그는 26만여 양돈 농가를 질식시키고 있었다. 불황과 질병의 늪을 헤쳐 온 20여 년의 생활이 어이없게 무너지고 있었다.

방송국의 일방적인 횡포에 대응하자면 머리를 모으고 힘을 모아야 한다고 전화통에 불이 났다. 방송국에 항의를 해야 한다는 등, 이요란 북새통의 세상에 양돈인들까지 한몫 끼어 시위를 해야 한다는 등……. 양돈농가들의 결집된 힘을 보여줘야 할 절호의 기회인데 묘안은 나오지 않고 모두들 흥분만 하고 있었다. 어디 양돈업계뿐인가. 쇠고기, 닭고기, 고등어, 참치, 유가공품…… 수퍼마켓은 매상이 절반으로 줄었다고 울상이고 수산업자도 생선 값이 떨어졌다고 발을 굴렀다. 소 파동으로 수십 명이 죽어갈 때 침묵했던 방송이 누구를 위한 건강법이라고 호들갑을 떠는가.

"돼지를 키우고 싶어요……."

이씨는 향수에 젖은 사람처럼 말했다. 돼지 키우는 어려움을 누구보다도 잘 아는 사람이 철없이 해보는 소리는 아닐 텐데……. 그는 아이들의 교육이 어느 정도 끝나면 미련 없이 고향으로 돌아가 돼지를 키우겠다고 말했다. 그 때 쓸 좋은 종자를 미리 예약하겠다고 해서 우리는 한바탕 웃었다. 모두 어려움을 견디지 못하고 떠나는 판에 돌아오겠다는 사람이 있다니 든든한 이웃이 생긴 듯 반가웠다. 그의 성실성과 건강한 노동력은 양돈사업을 충분히 해내고도 남음이 있음을 우리는 안다. 그의 고향이 그를 포근히 감싸주는 일만이 남아있는 것이다. 나는 참고가 되기를 바라면서 이씨도 잘 아는 이웃 마을 양돈업자의 근황을 들려주었다.

순천시 근교에서 23년 간 축산을 해온 조씨는 농장 부근 일대를 주택건설 예정지로 중앙토지 수용위원회에 수용 당했다. 그는 대대로 내려오는 농민의 아들이었고 반평생을 축산을 하며 살아온 사람이었다. 이웃에 제철회사가 들어서면서 순천의 유입인구는 하루가 다르게 늘어났고 도시의 팽창에 떠밀려 반평생 지켜온 생업의 터전을 잃게 된 것이다. 문제는 그가 쾌히 토지 수용령에 따르기로 했으나 이전해 갈 농장 부지를 구하지 못해 영영 축산을 포기할 수밖에 없었던 데 있었다. 그는 정부의 토지 수용령에 합의하고 강제 철거당하기까지 1년 6개월 간 옮겨갈 부지를 물색했으나 번번이 이웃 주민들의 반대에 부딪쳤다. 농장이 들어설 것이라는 소문이 퍼지자 농장폐수로 인한 환경오염과 악취가 난다는 등의 이유로 주민들이 관청에 몰려가 농성을 벌여 군청업무가 마비되기도 했다. 이전해 갈 적절한 대책도 없이 휴업에 따른 3개월 치의 영업 손실만 보상해준 정부의 부당한 처사에 맞서 조씨는 소송을 제기했다. 이 사건은 고법에서 승소해 대법원의 최종 판결을 기다리고 있는 중이다. 신도시 건설로 삶의 터전을 박탈당하고 쫓겨나는 농민들에게 정부의 토지 수용에 따른 보상 기준의 선례가 될 이 사건의 최종 판결은 1백만 양축농가들의 관심을 모으고 있다.

축산인 2세로 키우고 싶은 큰아들

1990년 올해 아들 도연이(둘째는 큰애보다 3살 아래로 딸이다)가

중학교에 입학했다. 입학식장에서 의젓한 아들 녀석을 바라보며 나는 상념에 젖었다. 농촌이 아이들 키우기에 안전하리라던 생각은 오산이었다. 걸음마를 시작하는 아이에게는 곳곳에 위험물이 널려있었다. 시장이나 은행 일로 시내 나갔다가 아이의 안부가 궁금해서 택시로 달려온 적이 여러 번이었다. 방이며 마당이며 집 구석구석을 둘러봐도 아이의 행방은 알 길이 없었다. 앞집, 옆집으로 달려갔다. 내가 제일먼저 가는 곳은 부엌아궁이와 재래식 변소다. 변소 속에나 부엌아궁이 속으로 들어가 버리지 않았을까 하는 불안을 떨칠 수가 없었다. 부엌이나 변소를 들여다보다가 아무 기척을 발견하지 못하면 그때사 가슴을 쓸어내리며 돌아섰다.

남편은 아들 녀석을 축산대학의 후배로 키우고 싶어 한다. 유치원부터 철저하게 후배를 만들겠다고 남편이 다녔던 유치원에 보냈다. 초등학교를 거쳐 추첨을 하는 중학교에서도 용케 아빠의 뒤를 따르고 있다. 중 2때부터 시작된다는 보충수업은 밤 열시에 끝난다지 않은가. 이 외진 곳에서 어떻게 다닐 수 있을까? 그리고 아빠가 다녔던 대학의 문은 어떻게 뚫고 들어갈까?

89년 11월에 D대학 축산학과에 초대를 받았다. 때는 양돈불황의 막바지로 학생들은 졸업을 앞두고 취업문제로 고민하고 있었다. 놀랍게도 축산학과 학생이면서 돼지를 한 번도 본 적이 없다는 학생들이 있었다. 놀랍게도 현재 집에서 축산을 하고 있는 학생은 한 명도 없었다. 마찬가지로 앞으로 자영을 희망하는 사람도 없었다. 그러면서도 축산학과를 나왔으니 축산업계에 취업을 해야 되는 학생들의 고민을 이해할 것도 같았다. 그러잖아도 사양산업이라고 우려하는 축산업계의 앞날이 먹구름에 가린 듯 더욱 암담함을 느꼈다.

돌아오는 길에 김해지방의 돼지농장을 둘러보았다. 비교적 짜임새 있다고 알려진 몇몇 농장이 전업을 서두르고 있었다. 꿀꿀거리는 돼지소리가 울려 퍼지던 곳에는 불도저와 포크레인이 요란한 소리를 내며 돈사건물을 뜯어내고 있었다. 폐수나 축산물 수입은 둘째 치고 라도 일할 사람을 못 구해서 더 버틸 수 없다는 것이었다.

"돈육 통조림이 싼값에 들어오는데 돼지고기라고 안 들어오겠소? 시간문제요. 돈벌이가 되는 일이라면 너도나도 앞장서서 수입하는 세상에 우리도 살길을 찾아야 해요."

환갑을 바라보는 나이에 살길을 찾아 농장을 파헤치던 주인은 침통하게 말했다. 싸면 싸다고 수입해오고 비싼 것은 비싼 것 좋아하는 사람들을 위해 수입해오는 세상이다. 주위에서 만나는 사람들은 자주 이런 말을 한다.

"사람 살기도 비좁은 땅에 냄새나는 돼지는 뭐 하러 키우고 농사는 뭐 하러 지어? 싸디싼 농축산물 수입해다 먹으면 됐지. 시대 따라 식생활도 차원을 높여야 한다구. 빵을 먹어야해."

빵은 땅에서 나오는 게 아니고 공장에서 나오는 줄 아는 모양이지? 이러다가는 호화 이태리 가구에 북극 산 모피코트 입고 이웃 나라로 밥 안칠 양식 꾸러 가게 생겼다. 최소한 먹을 양식과 반찬은 자급해야 하지 않겠는가?

89년 한해에 문을 닫은 양돈농가는 8만여 가구에 이르렀다고 한다. 90년 3월 초순 양돈인들은 군청에 모여 각서에 도장을 찍었다. '3월말까지 폐수처리 시설을 하지 않으면 어떤 처벌도 감수하겠다.'는 내용이었다. 막대한 자금을 들여 폐수처리시설을 하느니 차라리 농장 문을 닫는 편이 낫겠다고 사람들은 이구동성으로 말했다.

그 시한인 3월말이 지났는데도 아직까지 무소식이다. 3년 가까이 계속됐던 돼지 폭락세는 90년 들어 폭등했다. 값은 폭등했어도 돈사에는 팔려나갈 돼지가 없다. 예상했던 대로 정부에서는 돼지고기 수입을 발표했다. 20년 전이나 지금이나 아무것도 달라진 것은 없다. 단지 돼지 값이 폭등한다고 해도 지금은 양돈을 시작하는 사람이 없다는 점이 다를 뿐이다.

이제 나도 참고 참아온 마지막 한 마디를 할 때가 된 것 같다.

"도연 아빠, 우리도 떠납시다."

"노력해보겠다고 한 건 당신이었소. 요즘 당신은 꿈이 없는 사람 같아……."

"꿈이라고요? 아직도 내 노력이 부족한가요?"

(1990년 11월호 신동아 전재)

우리들의 고향
당선소감

인간다운 삶을 위하여

처음 시집왔을 때 시부모님들은 '한 알 먹는 새도 날킨다더라' 하시며 하수구에 버려진 밥알 하나까지 일일이 지적하시면서 내게 내핍을 촉구하셨다. 그런 지적을 받을 때마다 내 머리 속에는 '하루 세끼 밥 먹는 일이 이다지도 힘든 것인가' 하는 의문이 꽉 들어차곤 했다. 하루 세끼 먹이의 내용이라 해봤자 냄새나는 정부미에 김치 몇 가닥, 그리고 된장국이 고작이었다. 겨우 그 정도의 것을 먹기 위해 엄청난 양의 노동을 치러야하는 것이 억울했다. 단지 동물적인 생존에 불과한 아무것도 아닌 삶이 견딜 수 없었다. 그러나 아이가 태어나고 어미로서의 책임감이 어깨를 누르면서 삶의 의미가 달라져야 한다는 것을 깨달았다. 그 깨달음은 '인간답게 살아야한다' 라는 한마디로 압축할 수 있다. 과연 내가 살아온 길이 인간다운 것에 가까웠는지 알 수 없다. 내 부모님이 나에게 강조했듯이 나 역시 내 아이들에게 '절약해야 한다', '정직해라' 등등의 잔소리를 되풀이하면서 그런 것들이 인간다움의 작은 바탕임을 어렴풋이 짐작할 뿐이다. 따지고 보면 '인간답게' 사는 외에 더 어떤 목적이 있을 수 있는지?

축적된 경험과 애정으로 가꿔온 이 땅에서 아이들과 이웃들과 오순도순 정답게, 그냥 사람답게 살고 싶을 뿐이다.